歷史說到底——到底歷史

誰說了算？

誰說周公瑾氣量狹小，嫉妒賢能？

誰說諸葛亮拿手……似半仙？

誰說包大人頭……大？

39個反轉歷……，99%的人絕對搞混的祕聞逸史。

去偽存真，

細說「歷史……上演從古到今的喜怒嗔癡！

白鹿鳴——編著

前言

徜徉於泛黃的書頁間，你欲將歷史的面容看得清些、再清些……

於是，當歷史向你走來，就品一品茶，掬一朵堂前的海棠花，且看她——

看她時而親近，時而邈遠，親近的是螢幕上生動鮮活的人物故事，邈遠的是那些發生在千百年前、早已逝入風中的真實。

看她時而熟識，時而陌生，熟識的是你脫口而出的那一串名字，陌生的是這些名字背後的命運悲歡、心事糾結。

看她時而清晰，時而迷離，清晰的是史冊上不容置疑的墨字，迷離的是那些語焉不詳、莫衷一是的片段。

歷史總有戲說演義的成分。諸葛亮並非決勝千里的軍事奇才，項羽火燒阿房宮實為千古冤案，風流倜儻的唐伯虎過了大半生悲苦潦倒的日子，司馬相如與卓文君的美麗邂逅竟是一個騙局。

歷史總有鮮為人知的角落。唐代公主愁嫁，南宋農民生子不舉，種種奇聞是出於什麼原因？

清宮「選秀」不看美貌，科舉舞弊五花八門，這些逸事又是怎樣的情形……

歷史總有疑雲迷霧的遮蔽。雍正帝是不是矯詔篡位？李白之死是不是「水中撈月」？李清照晚年究竟有沒有再嫁？歷史上的「傻皇帝」、「和尚皇帝」又有怎樣的生平和結局？

滄海桑田，斗轉星移。那些撥動心弦的過往，那些耐人尋味的故事，那些引人追憶的人物，都悄然印上了歲月的痕跡。那些歷史的真相，有的在口耳相傳中變成了假象，有的在時空變換中被人們遺忘。而歷史的精彩，就在輪迴中一次又一次重現。

而你，卻偏要一窺那歷史的面容，偏要看得清些、再清些……

目錄

第一章　解碼戲說背後　009

一個流傳千古的冤案——項羽火燒阿房宮　010
古今第一儒將——千古風流話周郎　017
理民為長，奇謀為短——隱去神話光環的諸葛亮　024
名相還是神探——狄仁傑傳奇　034
臉不黑的包青天——包拯其人　043
被誤讀的忠臣良將——潘美　050
從射雕大俠到平民義士——亦虛亦實說郭靖　054
風流倜儻的背後——悲情才子唐伯虎　058
俊逸才子大貪官——還原歷史上真實的和珅　066
從清正剛直到圓滑世故——真實的「劉羅鍋」　073

第二章　撥開重重迷霧

083 第二章　撥開重重迷霧
084 喋血長樂宮——揭祕韓信之死
091 李廣難封——一代名將的悲劇人生
102 忠正之臣還是野心家——冷眼看霍光
109 水中撈月——李白的藝術化死亡
116 皇帝女兒也愁嫁——唐代公主難嫁之謎
126 南宋末年的民間怪現象——生子不舉
132 淒淒慘慘戚戚——李清照的晚年生活
142 「莫須有」的深意——岳飛死因探祕
149 康熙帝遺詔——解開雍正帝即位謎團
156 《投名狀》背後的歷史疑雲——被迷霧籠罩的「刺馬案」

第三章　開啟絕密檔案

161 從商人到相國——成功轉型的呂不韋
162 將軍百戰聲名裂——泣血悲李陵
169 漢武帝晚年的悔與痛——巫蠱之禍
178 被餓死的「和尚皇帝」——南朝梁武帝
185 北魏王朝的殘酷祖制——子貴母死
192 風華絕代的「巾幗女官」——上官婉兒的苦樂人生
195 精心謀劃的血腥屠殺——胡藍之獄
202 緹騎四出血四濺——廠衛特務機構的帶血檔案
209 與美貌無關——獨特的清宮選秀制度
219 「十常四勿」長壽經——乾隆帝的養生之道
226 道高一尺，魔高一丈——科舉舞弊與反舞弊面面觀
230

第四章　洞悉歷史深處

237
兵家奇才，商家始祖——范蠡傳奇　238
琴挑卓文君——司馬相如的愛情騙局　242
龍椅上的「傻」帝王——晉惠帝司馬衷　252
一代諍臣身後事——唐太宗推倒魏碑　259
功蓋一代而主不疑——郭子儀的為臣之道　267
萬千寵愛於一身——翻雲覆雨的萬貴妃　274
勵精圖治的亡國之君——無奈的崇禎帝　281
亂世紅顏——有爭議的陳圓圓　291

第一章　解碼戲說背後

一個流傳千古的冤案

項羽火燒阿房宮

有著「天下第一宮」盛譽的阿房宮兩千年來引起了人們無限豐富的聯想，但這座奢華的宮殿卻沒有留下她的絕世容顏。人們在惋惜之餘，不禁將憤慨之情投向縱火三月的項羽。然而，項羽火燒阿房宮卻是個流傳千古的冤案。

奢華無比的阿房宮

一九九四年，聯合國教科文組織來到中國，通過實地考察，確認秦代阿房宮遺址的建築規模和保存完整程度在世界古建築中名列第一，並將其譽為「天下第一宮」。

唐代詩人杜牧的《阿房宮賦》用華麗無比的語言鋪陳渲染了阿房宮的勝景：阿房宮從驪山的北面向西延伸至咸陽，綿延三百餘里，幾乎遮蔽天日。宮牆之內，五步一樓，十步一閣，長廊迂迴，屋簷飛挑。亭臺樓閣蜿蜒密集，不知道有幾千幾萬座。長橋如蛟龍臥於水面，複道似彩虹架在半空。宮殿之大，使人辨不清方向，一天之內，宮中各處的氣候都不相同。六國的王族妃嬪雲集於此，盡態極妍，歌舞昇平。

文學描寫不免有誇張之處，真實的阿房宮是否如此氣勢巍然呢？根據《史記》記載，阿房宮前殿「東西五百步，南北五十丈，上可以坐萬人」。秦代的一步大約合六尺[1]，如此計算，阿房宮的前殿大約東西寬六百九十公尺，南北長一百一十五公尺，占地面積約八萬平方公尺，的確是一座規模宏大的宮殿建築。然而，也正因為工程過於浩大，秦始皇在位時只建成了前殿，秦二世即位後繼續修建。據記載，建成後的阿房宮應有殿堂七百多座，宮中珍寶堆積如山，美女如雲，氣勢恢宏，無與倫比。

秦始皇為什麼將這座奢華的宮殿命名為「阿房」呢？自古以來眾說紛紜，概括起來有以下幾種說法：

一種說法源於《史記》的記載，稱宮殿的形狀「四阿旁廣」，「阿」解釋為「曲」的意思，阿房宮據此得名；另一種說法載於《漢書．賈山傳》，稱由於宮殿建在大陵上，「阿」就是「大

1 秦代的一尺約為 23.1 公分；一丈為十尺。

陵」的意思，「高若干，阿上為房」；還有一種說法源自民間傳說，相傳嬴政（即後來的秦始皇）在趙國做人質時，深愛過一個美麗的民間女子阿房，嬴政返回秦國即位後，朝政大權掌握在相國呂不韋的手中，仍無法立一個民間女子為后，為了懷念阿房，他便不惜耗費巨大的財力、物力和人力，修建了極盡豪奢之能事的阿房宮。

不論是正史觀點抑或民間戲說，都給阿房宮增添了一分迷人的色彩。然而，令人無限嚮往的阿房宮還未能面世就「早早夭折」了。

楚人一炬，可憐焦土

阿房宮是秦朝耗費鉅資修建的宮殿建築。除此之外，秦長城、秦始皇陵等工程也都動用了

秦代雲紋玉杯

杯高 14.5 公分，口徑為 6.4 公分，陝西西安阿房宮遺址出土。玉杯呈深腹圓筒形，上闊下狹，下有豆形矮足。杯外壁雕琢精細，口下飾一周以柿蒂紋為中心的裝飾圖案，其下壁面滿布勾連雲紋。

巨大的財力和人力，而這些全都轉化為百姓的賦稅徭役，令百姓苦不堪言。為了禁止百姓逃脫賦役，秦始皇還頒布了殘酷的刑罰制度。秦始皇死後，秦二世對百姓的盤剝有過之而無不及，終於將農民逼到了揭竿起義的地步。秦二世元年（前二〇九年），陳勝和吳廣率先在蘄縣大澤鄉（今安徽省宿州市）率民起義。此後，各地的農民紛紛揭竿而起，秦王朝迅速土崩瓦解。在這些起義隊伍中，有一位勇猛無比的將領——項羽。他率領起義軍一路征戰，過關斬將，威名傳遍大江南北。

西元前二〇六年，項羽率軍入函谷關（故址在豫西靈寶縣舊城西南），衝進了咸陽城，接下來就上演了千古流傳的「火燒阿房宮」一幕。司馬遷在《史記．項羽本紀》中寫道：「項羽引兵西屠咸陽，殺秦降王子嬰；燒秦宮室，火三月不滅；收其貨寶婦女而東。」杜牧在《阿房宮賦》中寫道：「戍卒叫，函谷舉，楚人一炬，可憐焦土！」這就是說，項羽進入咸陽後，四處屠殺搶掠，殺了投降的秦王子嬰，捲走了秦宮裡的珠寶和美女，燒毀了秦朝宮殿，大火三月不熄。

千百年來，人們對「項羽火燒阿房宮」一事深信不疑。在此基礎上，民間傳說、演義等不斷加工，形成了火燒阿房宮的許多版本。有傳說稱，項羽攻入咸陽後，因自己的愛妾虞姬曾經被秦軍俘虜，惱羞成怒，一氣之下將阿房宮及其附屬建築全部焚燒；也有傳說稱，項羽是因為痛恨秦始皇為了修建阿房宮勞民傷財，入關後才燒了阿房宮，並讓大火足足燒了三個月，把方圓數百里都燒為灰燼，為百姓出了一口惡氣。

無論出於什麼原因，項羽火燒阿房宮還是引起了後人的諸多非議。他讓舉世無雙的宮殿化為廢墟，將無比珍貴的文物毀於一旦，而同時進行的搶掠、屠殺等行為更是為後人所詬病。然而，「火燒阿房宮」實在是對項羽天大的冤枉。近年來，考古隊對阿房宮遺址的探查終於為項羽平反。

考古隊為項羽平反

阿房宮坐落在距今天陝西省西安市西郊約十五公里的地方，至今保留了約六十萬平方公尺（夯土[2]地基面積）的遺址。二〇〇二年以來，中國考古隊對阿房宮遺址進行了全方位的考察，詳細瞭解了阿房宮前殿的範圍、結構，以及阿房宮建築群的基本輪廓。通過考察，考古隊提出，規劃修建的阿房宮分為兩大建築群：一是阿房宮前殿建築群，即《史記》中記載的可容納萬人的宮殿；二是「上天臺」建築群，其遺址破壞嚴重。事實上，阿房宮在秦代時並沒有建完，至多只建成了前殿，是個半成品工程。

根據對現在殘存建築的研究，專家發現阿房宮並沒有燒毀的痕跡，而且遺址範圍內只發現了少量的幾塊紅燒土。如果項羽真的火燒阿房宮三個月，那麼紅燒土應該遍地都是，此外還應留有大量的草木灰。然而，事實並非如此。湊巧的是，在秦代咸陽宮的遺址中卻發現了大片的紅燒土遺跡。

結合《史記》中記載的「燒秦宮室」，專家推斷，項羽放火燒的應是咸陽宮，而非阿房宮。而阿房宮倖免於項羽的燒殺搶掠，可能是因為阿房宮並未完全建成，宮殿或建築殘缺，或只有夯土地基……面對原本就殘破不堪的宮殿，項羽也就不必縱火多此一舉了。

阿房宮實則是「自然而亡」。隨著秦朝的覆滅，建了一半的宮殿也就漸漸荒廢了。到了漢代，阿房宮原址被改稱為「阿城」（因其東、西、北三面有厚厚的宮牆）。由於「阿城」地理位置優越，漢皇室將其列入上林苑宮殿建築的修建範圍。漢代以後，阿房宮遺址因地勢高而多被用來駐軍。宋代以後，它乾脆被夷為平地，改做農田了。原來，阿房宮自始至終都是一座「想像中的宮殿」，它從未建成，也就從未被毀。

2夯土：新石器時代開始使用的建築技術，為使泥土能夠緊密、防水滲漏而加以夯打。

「天下第一宮」的真實命運竟是如此，不禁令人唏噓。

千百年來，人們之所以將火燒阿房宮的「糊塗帳」記在項羽頭上，主要有以下幾個原因：

一是對《史記．項羽本紀》的誤讀。原文寫的是「燒秦宮室，火三月不滅」，卻並未指出燒的是哪座宮室。然而，由於阿房宮的地位與影響力，後人想當然地認為秦宮室就是指阿房宮。事實上，在《史記．秦始皇本紀》中，明確記載了項羽「遂屠咸陽，燒其宮室」，從此處不難看出「其」指代咸陽，項羽燒的是咸陽宮。

第二個原因是唐代詩人杜牧所作《阿房宮賦》的失實記載。作為文學作品，《阿房宮賦》運用了大量的誇張、比喻等修辭手法，顯然不適合作為判定歷史真相的依據。然而，其深遠的影響力卻左右了人們的看法。如果說對《史記》的誤讀令後人初步判斷火燒阿房宮是項羽所為，那麼《阿房宮賦》的廣泛流傳則讓項羽永久背負了這一罪名。

最後，項羽的剛愎自用、意氣用事是他被誤解的情感基礎。在率軍征戰的過程中，項羽屠城、活埋、燒殺的事例屢見不鮮，進入咸陽後仍延續這一行事風格。火燒阿房宮恰恰符合項羽的性格特徵，無怪乎人們冤枉了項羽兩千多年。

古今第一儒將

千古風流話周郎

「既生瑜，何生亮！」病重的周瑜說出了最後一句話，溘然長逝。《三國演義》中周瑜的形象，是個嫉賢妒能、小肚雞腸的人物，一生與諸葛亮鬥智，最終被諸葛亮氣死。這其實是一個極大的誤讀，真實的周瑜實乃接近完美的古今第一儒將。

羽扇綸巾，雄姿英發

「羽扇綸巾」常被今人藉以描繪諸葛亮的形象，以突出他的儒雅。然而「羽扇綸巾」真正的主人，卻是「遙想公瑾當年」中所提及的周公瑾——周瑜。

周瑜（一七五—二一〇年），字公瑾，廬江舒縣（今安徽省舒城縣）人。周瑜出生在世家大族，堂祖父周景、堂叔周忠都做過東漢的太尉（九卿之一），父親周異做過洛陽令，可謂門庭顯赫。少年周瑜相貌英俊，體格健壯；他飽讀詩書，精通兵法，年紀輕輕便有雄才大略。時值東漢傾頹，群雄逐鹿，破虜將軍孫堅在江東起兵，討伐董卓。孫堅的兒子「小霸王」孫策與周瑜同年，兩人志趣相投，情同手足。後來，周瑜與孫策合兵征戰，所向披靡，稱霸江東。

袁術欣賞周瑜的才能，力邀他來投靠自己（當時孫策名義上隸屬於袁術）。周瑜看出袁術是個終無所成之人，於是找藉口回到了孫策身邊。孫策親自出迎周瑜，任命他為建威中郎將，撥兩千人馬歸他調遣。這一年，周瑜剛剛二十四歲，江東百姓親切地稱之為「周郎」。

此後，周瑜協助孫策南征北戰，攻克皖地後，尋得當地大族喬家二女，皆國色天香。孫策娶了姊姊大喬，周瑜則娶了妹妹小喬。英雄配美人，一時間被傳為美談。

孫策被刺殺後，周瑜以中護軍的身分與長史張昭共同輔佐年少的孫權。張昭統管朝中諸事，周瑜則領兵在外，開疆拓土，防範外敵，形成所謂的「內事不決問張昭，外事不決問周瑜」的局面。周瑜在外忠心耿耿，領兵有方，接連殲滅寇匪萬餘人，擊退劉表大將黃祖的進攻，穩定了剛剛更迭的政權。後來，孫權討伐江夏，任命周瑜為前部大都督。

周瑜雖為武將，卻性格溫良，舉止儒雅。他不僅精通音律（傳說與名曲《廣陵散》並稱的《長河吟》就是周瑜所作），而且彈得一手好琴，就算是酒過三巡，也能精準地辨聽出樂曲的闕誤，回頭予以指點。於是民間流傳一句話：「琴有誤，周郎顧。」可見周瑜風雅卓絕之妙。

蘇軾在《念奴嬌．赤壁懷古》中寫道：「遙想公瑾當年，小喬初嫁了，雄姿英發。」此時的周瑜，年紀輕輕就已執掌一國兵權，深受信任於內，才略施展於外，志得意滿，美人相伴，令無數人羨慕不已。

銅雀春深鎖二喬

清代費丹旭繪，取自唐代詩人杜牧《赤壁》一詩：「東風不與周郎便，銅雀春深鎖二喬。」

談笑間，檣櫓灰飛煙滅

周瑜之名真正流傳千古源於赤壁之戰。周瑜以前部大都督的身分征討江夏之時，江北的曹操以風捲殘雲之勢奪取了荊州，劉表之子劉琮投降，荊州易主，東吳瞬間暴露在曹操的大軍面前。乾坤驟轉，風雲際會，而屬於周瑜的歷史時刻也隨之到來了。

曹操陳兵江北，號稱有水路大軍八十萬（有學者認為是十萬至二十萬），意欲吞併東吳。面對曹操大兵壓境，東吳內部「主降派」意見占了主流，都認為曹操挾天子以令諸侯，名正言順，兵力強大，無法抵擋。周瑜則力主一戰（此處與《三國演義》中所述不同，周瑜並非中了諸葛亮的激將法）。他對孫權說：「曹操雖名為漢相，實為漢賊。孫將軍以神武雄才，秉承父親和兄長的基業，割據江東，兵精糧足，英雄樂業，正當揮師橫掃天下，為漢室去除奸佞。更何況此次曹操自己來送死，我們怎能投降於他？」周瑜還分析說：「曹兵捨棄馬匹，憑藉舟楫與我們對戰，這不是北方人的所長。況且今冬嚴寒，馬無草料，士兵長途跋涉水土不服，必定會生疾病。這些都是用兵的大忌，而曹軍皆犯。所以擒住曹賊，就在今日！」他鄭重向孫權請命：「請撥我精兵三萬，進駐夏口，我保證擊破曹軍！」周瑜一席話，正合孫權的心意。他立即任命周瑜為大都督，主持抗曹大事。

首次交戰，周瑜指揮得當，加之曹軍疾病流行，東吳獲得勝利。曹軍稍稍退後，與東吳軍隊對峙於赤壁。周瑜針對曹軍戰艦首尾相連的特點，採納屬下黃蓋的計策，預備艨艟[3]、鬥艦[4]數十艘，船內堆積草料，潑上膏油；又令黃蓋偽書詐降，帶領船隊衝入曹軍水寨，點燃火船。火借風勢，越燒越旺，引燃了岸上的營房。曹營頃刻間陷入一片火海，兵馬燒死、溺死者無數。曹軍潰敗，周瑜順勢揮軍北擊，攻克曹操大將曹仁把守的南郡。戰場上，周瑜策馬臨陣指揮，被飛來的箭射中右肋，傷勢嚴重，卻一直堅持留在軍營，繼續指揮作戰。

赤壁之戰，是中國歷史上以少勝多的著名戰役。由於受到《三國演義》的影響，人們長期以來將赤壁之戰的最大功績歸功於「舌戰群儒」、「借東風」和「草船借箭」的諸葛亮。實際上，以上三個故事都是虛構的，「舌戰群儒」和「借東風」並不存在，而「草船借箭」也並非諸葛亮所為。諸葛亮在赤壁之戰中只是個初出茅廬的謀士，做為劉備的使者被派往東吳遊說孫權聯合抗曹。赤壁一戰真正的英雄只有一個，那就是周瑜。年輕的大都督周瑜，以其非凡的膽識和過人的謀略，以區區幾萬人的軍隊擊敗了數十萬的敵軍，創造了軍事史上的一個奇蹟，也為東吳保住了根基。

浪淘盡，千古風流人物

後人根據《三國演義》的藝術加工，將周瑜誤讀為一個心胸狹窄之人。事實上，周瑜不僅胸襟寬廣，而且多謀善斷，是一個幾近完美的儒將形象。品讀歷史上真實的周瑜，無人不為他傾倒。

3 艨艟：即蒙衝，一種古代戰船，以牛皮包覆整個船艙和船板，可防火。兩舷各開數個槳孔以插船槳划船。
4 鬥艦：大型戰船。

據正史《三國志》記載，周瑜「性度恢廓，大率為為人」，禮賢下士，深得眾人愛戴。又據《江表傳》記載：周瑜曾與東吳大將程普有矛盾。程普為東吳老臣，早在孫權的父親孫堅活著的時候，就為孫家出生入死，立下了赫赫戰功。面對資歷比自己淺的周瑜，程普常常盛氣凌人，侮辱周瑜。周瑜對此並不記恨，反而更加恭敬地對待程普。後來，程普漸漸悔悟，對周瑜越發敬重，並對身邊的人講：「與周公瑾交往，如同喝甘甜的美酒，不知不覺自己便陶醉於他了。」由此可見周瑜謙讓服人的人格魅力。

赤壁之戰後，年輕的周瑜以其謀略一戰成名。曹操逃回許都後，回想自己敗北的經歷，悵

艨艟（模型）

鬥艦（模型）

赤壁之戰中，周瑜令黃蓋以艨艟、鬥艦載薪草灌膏油，外用帷幕偽裝，然後點燃薪草直衝曹軍艦船，大火燒及曹軍營寨，取得了火攻的勝利。

然嘆道：「我輸得並不丟人。」足見其對周瑜謀略的嘆服。孫權提升周瑜為偏將軍，領南郡太守，並給他設置了奉邑。周瑜預料劉備日後必成大事，便勸孫權將劉備安置在東吳，為其修築宮室，以金錢和美色軟化他，並將其部下關羽和張飛分置兩地，化為己用。可惜的是，孫權並沒有採納這一意見。

周瑜還建議孫權利用曹操新敗的時機進攻益州劉璋，奪取蜀地，與西涼馬超相互呼應，北方可圖。這一構想與諸葛亮的「三分天下」設想非常相似，孫權也非常贊同，只可惜最終沒能付諸實施。

二一〇年，周瑜在西進計畫得到贊同後，回到駐地整理行裝，集結兵馬出發，準備去施展自己更大的宏圖。可惜事不遂願，天妒英才，東吳大軍剛剛出發不久，周瑜便病逝了。一代將星隕落，年僅三十六歲。

理民為長，奇謀為短
隱去神話光環的諸葛亮

在《三國演義》中，諸葛亮治國有方，料事如神，重恩重義，鞠躬盡瘁，儼然一位集智慧與道義於一身的「完人」。但小說畢竟有太多虛構成分，魯迅就曾有「狀諸葛亮之智而近於妖」的評論。那麼，做為「凡人」的諸葛亮究竟是一個怎樣的人？讓我們隱去他的「神話」光環，還原一個歷史上真實的諸葛亮。

真實的「三顧茅廬」

還原真實的諸葛亮，首先要從他的出山——「三顧茅廬」說起。

諸葛亮（一八一—二三四年），字孔明，瑯琊陽都（今山東省沂南縣）人。在《三國演義》中，諸葛亮常被對手貶損地稱作「諸葛村夫」，是說他出身村野，然而事實並非如此。諸葛亮出身官宦世家，是漢代司隸校尉諸葛豐的後裔。他的父親諸葛珪做過泰山郡丞，叔父諸葛玄是東漢末年的豫章太守。諸葛亮年幼時父母雙亡，他和弟弟諸葛均只得投靠到叔父諸葛玄門下。諸葛玄素來與荊州牧（荊州的最高官員）劉表交好，便前往依附，諸葛亮於是又隨之來到了荊州。諸葛玄死後，諸葛亮躬耕於南陽，過著與世無爭的閒適生活。他志向不凡，常自比古時的名相管仲、樂毅，在荊州一帶的文人中小有名氣。

當時，劉備屯住在新野，由於事業的坎坷不順，劉備很想找一位能為自己謀劃方略的賢士，謀士徐庶便向他推薦了諸葛亮。劉備立即親自前往請教，於是上演了古今君臣知遇的經典故事——「三顧茅廬」。

根據《三國演義》所記，劉備先後三次拜訪諸葛亮，前兩次都無功而返，卻從多個側面瞭解了諸葛亮的才能。一心求賢的劉備不辭辛苦第三

三顧一遇圖

清人孫億所繪的這幅圖表現了劉備三顧茅廬請諸葛亮出山的故事。

次登門造訪，終於見到了諸葛亮。他向諸葛亮詢問天下大計，諸葛亮於是道出了後世聞名的《隆中對》，為劉備謀劃了立足荊州、西進蜀地，繼而「三分天下」的方略。劉備聽後大為讚嘆，便邀請諸葛亮出山，輔佐自己興復漢室。

小說中，「三顧茅廬」被濃墨重彩地渲染，但正史《三國志》對這一段的記載卻只有五個字：「凡三往，乃見。」這裡的「三」不一定是指「三次」，而可能是多次的指代詞，我們只能確定歷史上劉備曾「多次」拜訪了諸葛亮。

其實，史家如此簡單地描述，可見其中並沒有什麼值得一寫的曲折情節。在魏晉時期，文人崇尚隱居和清談，推脫出仕是一種風尚，並不見得是故意矜持。因而，真實的「三顧茅廬」只是那個時代平常的一種訪求罷了。至於令後人稱奇的《隆中對》，其實魯肅和周瑜也早有相似的方略，因為當時的天下已分割殆盡，只有西蜀可做文章，於是也就不免有「英雄所見略同」之嫌了。

「三顧茅廬」被後人渲染成一個傳奇故事，可能是因為諸葛亮成功的出仕經歷和卓越的名聲，使其成了後代文人眼中理想的形象。「學而優則仕」，文人們都渴望有明君的知遇，而高姿態的出仕又是一種無比的榮耀。所以，「三顧茅廬」實為千古文人心中的一個夢想。

身居後方的總調度

《三國演義》中，諸葛亮的出山是時勢的轉捩點。自此，三國的歷史幾乎成為神機妙算的諸葛亮的個人表演。「舌戰群儒」、「草船借箭」、「借東風」——赤壁之戰儼然成為諸葛亮的一副棋盤；「智取南郡」、「三氣周瑜」——更使劉備得以穩固後方，進兵西蜀。

然而，真實的情況顯然不像小說中描述的那樣傳奇，甚至可以說，兩者相差甚遠。在最初的歲月中，真實的諸葛亮只是一個剛剛出道的「謀士」，不僅沒有在赤壁之戰中叱吒風雲，而且根本沒機會參與劉備的軍務。

諸葛亮出山後不久，荊州劉表病死，其子劉琮投降曹操，劉備只得南撤。危難時刻，諸葛亮主動請纓到東吳遊說孫權與劉備聯合抗曹。到達東吳後，諸葛亮面對孫權慷慨陳詞，使孫權堅定了聯合抗曹的信念。促成孫劉聯盟，這是諸葛亮在赤壁之戰中最大也是唯一的功勞。

至於「舌戰群儒」、「借東風」等一系列傳奇故事實為子虛烏有，「草船借箭」、「火燒赤壁」等奇謀則是張冠李戴。赤壁之戰在東吳都督周瑜的統籌指揮下大獲全勝。諸葛亮雖未貢獻於具體戰事，但因遊說有功而被劉備破格提拔為「軍師中郎將」。值得注意的是，這一職位只是一個品級不高的「雜號」，與「軍師」相去甚遠，與關羽、張飛等人的地位也不可相提並論。

立足荊州之後，劉備開始按照諸葛亮規劃的方略進軍西蜀，但並未將軍事進攻的事務交給諸葛亮，而是帶上了新來的軍師龐統一起前往西蜀。諸葛亮被放在大後方，「使督零陵、桂陽、長沙三郡，調其賦稅，以充軍實」。說白了就是在後方協調糧草，輸往前線。劉備奪取西蜀後，諸葛亮被封為軍師將軍、署左將軍府事，前者仍為「雜號」，後者才是「實職」。這時，諸葛亮才開始有了軍事的實權，但他的主要職責仍離不開糧草供應一類的事。據史書記載，劉備外出時，諸葛亮常常負責鎮守成都，供應前線部隊的糧食和兵力。不久，劉備與曹操在漢中（位於今陝西省南部和湖北省西北部）進行關乎存亡的軍事對決，在如此關鍵的一仗中，劉備帶在身邊的仍舊不是諸葛亮，而是投靠不久的軍師法正。

為什麼劉備作戰從不帶上「料事如神」的諸葛亮呢？劉備的「識人」才能是後世公認的，他不用諸葛亮領兵打仗必然有其道理。其中一個重要因素就是考慮諸葛亮為人持重、擅長內政卻不善機變的特點。那麼，諸葛亮是否具有軍事才能呢？他在軍事指揮中的表現怎樣呢？

「六出祁山」的功與過

諸葛亮真正在軍事上有所作為，是在他指揮對魏國北伐的戰役中。這是檢驗諸葛亮軍事能力最重要的史實，也是古往今來爭議最多的焦點。

劉備死後，其子劉禪繼位，丞相諸葛亮輔政，掌握了朝中一切大權。為了實現先主恢復漢室的宏願，諸葛亮親自率兵數次北伐，與魏國交鋒。在《三國演義》中，這一段歷史被稱作「六出祁山」。但實際上諸葛亮率蜀軍多次北伐魏軍，路經「祁山」出兵的只有兩次。

諸葛亮率軍首次北伐是蜀漢建興六年（二二八年）。他命令趙雲、鄧芝等人從斜谷道（渭水支流的河谷）出兵吸引魏軍，自己則率大軍向祁山方向進攻。這一計策果然奏效，魏國的主力部隊被調離後，隴右的天水、南安、安定三郡（今屬甘肅）見諸葛亮的大軍壓境，紛紛投降。一時關中大震，魏國上下驚恐，魏明帝曹叡連忙派名將張郃前往抵抗。

諸葛亮派馬謖督軍在前，與張郃在街亭交戰。只知道「紙上談兵」的馬謖違反了諸葛亮的指示，指揮不當，被張郃打得大敗，大好的戰局盡失。諸葛亮無奈之下，「揮淚斬馬謖」，收兵回師，第一次北伐無功而返。

同年冬天，諸葛亮出兵散關（秦嶺北麓），第二次興兵北伐。蜀軍包圍了陳倉（今陝西省寶雞市的一個轄區），魏國大將軍曹真率軍來救。蜀軍糧草用盡撤兵，卻被魏國將領王雙追擊。諸葛亮率軍一戰，擊退敵軍，斬殺了王雙。此後不久，諸葛亮派將領陳式出兵攻打武都、陰平二郡，魏國將領郭淮救援。諸葛亮聞訊出兵支援陳式，打退郭淮，攻下二郡。蜀漢建興九年（二三一年），諸葛亮再次興兵北進，兵出祁山，遭遇魏軍統帥司馬懿的迎擊。魏軍知道蜀軍糧草不多，於是堅守不戰。蜀軍用「木牛流馬」運糧，無奈還是糧草不濟，最終退兵。退兵途中，諸葛亮設計射殺了魏國名將張郃。

蜀漢建興十二年（二三四年），諸葛亮最後一次率兵北伐。蜀軍十萬出斜谷，在渭水南岸五丈原紮營。魏國司馬懿築營阻攔，諸葛亮也分兵屯田，做長期對峙的打算。雙方相持了百餘天，到了八月，諸葛亮積勞成疾，不久與世長辭。

諸葛亮數次北伐大都無功而返，因此惹來後世很多爭議。有人據此認為諸葛亮不善於用兵，一味地窮兵黷武，由此造成了蜀國國力的嚴重消耗，間接導致了蜀漢的滅亡。《三國志》的作者陳壽也認為諸葛亮不擅長軍事，作戰過於保守，因此對諸葛亮的評價是：「連年動眾，未能成功，蓋應變將略，非其所長！」

湖北襄樊諸葛亮廣場上的諸葛亮銅像

客觀來看，諸葛亮用兵偏重穩妥，習慣步步為營，而不善於出奇兵。史書記載，蜀漢大將魏延跟隨諸葛亮北伐，多次向諸葛亮請戰，願仿照漢初韓信的故事，帶一支人馬作為奇兵。然而諸葛亮為慎重起見，始終沒有採納。

過於求穩使得本已處於弱勢的蜀漢

局勢很難有驚人的逆轉，但也不能因此一概否定諸葛亮的軍事能力。縱觀幾次北伐，諸葛亮用兵雖未獲得實質上的勝利，但也沒遭到什麼重大損失，這對於保存蜀國僅有的實力是非常重要的。而且從幾次與魏國交手的細節來看，諸葛亮總能用計巧取一些優勢，或斬殺對方大將，或奪取一兩個城池。因此，對諸葛亮軍事能力的綜合評價應為「合格」，但絕沒有千古流傳的那麼「神乎其神」。

兩朝開濟老臣心

隱去諸葛亮「軍事奇才」的光環，是什麼讓他流芳百世呢？

首先是諸葛亮鞠躬盡瘁、不負託孤重任的千古道義。

劉備死前將少主劉禪託付給諸葛亮，並對他說：「你的才能十倍於曹丕，必能安定國家，成就大事。我的兒子如果值得輔佐，就輔佐他；如果不值得，你可以取而代之。」深受託孤大任的諸葛亮並沒有辜負劉備的一番期望，他兢兢業業，事必躬親，幾乎是以一己之力支撐著蜀漢政權。為了實現先主的遺願，他不辭辛勞，數度親征，最終積勞成疾，死在北伐的戰場上。

最值得稱道的是，在執政的十幾年中，諸葛亮雖掌握著國家的最高權力，但從未像歷代很多權臣一樣產生僭越之心，即使後主劉禪是「扶不起的阿斗」，他依然心無旁騖，一片公心。

諸葛亮死後，家中只有十五頃薄田和幾百棵桑樹留給後代。他完美地詮釋了「鞠躬盡瘁，死而後已」的真諦，無愧為千秋楷模。

其次，諸葛亮在治國理政方面的能力無疑是非常出色的。他起初在荊州負責徵收賦稅和調運糧草，不僅把事情辦得井井有條，而且積累了豐富的執政經驗。入蜀後，諸葛亮統籌內政方面的事務，鼓勵耕織，興修水利，促進了農商發展。在他的精心治理下，原本落後的西蜀地區經濟獲得了較大的發展。

木牛流馬（模型）

諸葛亮創製，用來運送軍用物資，適於山地使用。

在用人方面，諸葛亮大力提拔忠良之士。蔣琬、費禕、郭攸之、董允、向寵等一大批蜀漢中後期的棟梁之材都是經由諸葛亮推薦或提拔的，這為蜀漢政權的維護起到了至關重要的作用。除此之外，諸葛亮科教嚴明、賞罰必信，不僅能破格提拔有功之臣，對於違法的官員，哪怕是深受器重的馬謖，也能揮淚而斬。因此，當時的蜀漢朝廷政治清明，官吏們人人懷著自勵之心，奸惡之人幾乎無處藏身；社會上更是道不拾遺、強不淩弱，風氣一片肅然，百姓安居樂業。

最後，在治理少數民族事務上，諸葛亮也是政績赫然。西南少數民族長期以來割據一方，屢有侵襲蜀漢邊民的事情發生。

蜀漢建興三年（二二五年），諸葛亮率大軍南征，於當年秋天平定了西南地區。《三國演義》中將這一段歷史演繹為「七擒孟獲」。雖然真實的歷史並沒有那麼傳奇，但在平定之後，諸葛亮確實對西南少數民族採取了一系列安撫政策，促進了民族的交融，使當地百姓深得實益。直到今天，西南的百姓都對諸葛亮懷著深深的崇敬和愛戴之情。

名相還是神探

狄仁傑傳奇

隨著影視劇的熱播，狄仁傑的「神探」形象已深入人心。然而，狄仁傑的才略功勛遠不止於此。他歷仕唐高宗與武則天兩朝，為國為民鞠躬盡瘁，以仁愛豁達之心糾正武則天統治時期的種種弊政，以圓融變通之智終令武則天還政李唐，堪稱「唐室砥柱」。名相與神探的角色集於一身，狄仁傑不愧為千古稱頌的傳奇。

斷案如神的大法官

著名的漢學家、荷蘭人高羅佩曾寫過一本著名的偵探小說《狄公案》。《狄公案》共發行一百餘萬冊，被譯成多種外文版本廣為流傳。自此，「神探狄仁傑」的名號家喻戶曉。

狄仁傑，字懷英，唐代并州陽曲縣（今山西省太原市）人，生於唐貞觀四年（六三〇年），卒於武周久視元年（七〇〇年）。他生於一個庶族官宦家庭，少時接受了系統的封建傳統教育，思維敏捷，卓然超群。後來，狄仁傑以明經[5]中第，出任汴州參軍。

唐高宗儀鳳元年（六七六年），狄仁傑升任大理寺丞，掌管刑獄訴訟等事宜。他上任後，明辨是非，秉公執法，一年中解決了大量的奇案、冤案。在涉案的一萬七千餘人中，沒有一人蒙冤，狄仁傑因此成為舉朝聞名的「斷案如神的大法官」。小說《狄公案》便是參照這段歷史，講述了狄仁傑破案斷獄的傳奇故事。

據記載，狄仁傑斷案以「平恕」著稱。唐高宗儀鳳元年（六七六年），左衛大將軍權善才因誤砍昭陵[6]的柏樹而惹得唐高宗大怒，隨即被捕入獄。唐高宗下令處死權善才，這時，狄仁傑卻提出權善才罪不至死。唐高宗聽後憤怒地說：「權善才砍昭陵的樹木，是陷朕於不孝的境地，罪該萬死！」狄仁傑不慌不亂地對答說：「臣深知直言進諫，自古就是很難的事情。然而，臣以為，遇到夏桀、商紂這樣的暴君，直諫固然難；而遇到堯、舜這樣的明君，直諫則很容易。如今，權善才的行為按照大唐律法不應判死罪，而陛下堅持要殺他，則使律法無法取信於人。」

5明經：唐代科舉考試科目。
6昭陵：唐太宗李世民的陵墓。

看到唐高宗面色稍緩，狄仁傑接著說：「何況，陛下因權善才誤砍樹木而殺他，千百年後人們將如何評價陛下呢？臣不敢奉旨殺權善才，而損害陛下的身後聲名啊！」一席話竟說動了唐高宗，權善才因此被免除了死罪。

唐高宗調露元年（六七九年），狄仁傑出任侍御史，負責審訊彈劾官員的案件。當時的司農卿韋弘機正奉命建造宿羽、高山、上陽等宮殿。他極盡奢華之能事，將這幾座宮殿修得氣勢宏偉，富麗堂皇。狄仁傑認為此舉將引導君王追求奢靡之風，上疏彈劾韋弘機，唐高宗准奏將其免職。左司郎中王本立深得高宗寵信，平日飛揚跋扈，朝臣敢怒而不敢言。狄仁傑毫不畏懼地站出來揭露王本立的罪行，並上疏請高宗依法處置。得知唐高宗想要寬赦王本立，狄仁傑立即勸諫道：「朝中即使英才不多，難道缺少王本立之流嗎？陛下何苦為了一個獲罪的王本立而曲解國法啊。」後來，王本立終被定罪。狄仁傑執掌刑獄的數年內，執法明理，伸張正義，使司法的風氣肅然。他懲治了不少惡人，也平息了無數冤案，成為深受百姓擁戴的斷案神探。

以百姓心為心

老子云：「聖人無常心，以百姓心為心。」後人常引用這句話來讚譽狄仁傑。狄仁傑為官數十載，始終勤政為民，心懷仁愛，體恤民間疾苦。他不畏權貴，甚至敢於拂逆聖意，拯救了不少無辜的百姓。

狄仁傑任度支郎中時，一次隨唐高宗出巡，途中經并州的一座妒女祠。并州長史李沖玄唯恐妒女祠對帝后不祥，決定徵發數萬百姓拆除此祠。狄仁傑聽後立即反對，並說：「天子出行，有千乘萬騎相隨，風雨清塵灑道，何須擔憂妒女之害？」就這樣，狄仁傑使并州數萬百姓免於賦役。唐高宗聞知此事，連稱狄仁傑「真大丈夫矣」。

武則天垂拱二年（六八六年），狄仁傑出任寧州（今甘肅寧縣、正寧一帶）刺史。他到任後，協調寧州各民族的關係，使「內外相安，人得安心」，百姓都為他立碑頌德。

後來，狄仁傑出任工部侍郎，充江南巡撫使。他瞭解到吳、楚等地官吏迷信，建造大批供奉神靈的祠廟，勞民傷財，便下令搗毀了一千七百多座祠廟，從而減輕了百姓的負擔。武則天垂拱四年（六八八年），博州刺史瑯琊王李沖和豫州刺史越王李貞起兵反武。武則天出兵平亂

武后行從圖

唐人張萱繪。此圖是武則天宮廷生活的寫照。圖中武則天一側目，隨行人員俱回頭看，表現了她至高無上的威望和地位。

後，將受越王李貞株連的人都關進大獄，準備處死。狄仁傑深知大多數囚徒都是平民百姓，因受越王軍隊的脅迫才在軍中服役。於是，他上疏武則天，說：「這些人忤逆不是出於本心，望陛下體恤他們的苦衷，從輕發落。」武則天深知狄仁傑一心為公，便採納了他的建議，將這批囚徒改判流放。這批囚徒在流放途中，經過狄仁傑曾任官的寧州時，與當地百姓一同俯在為狄仁傑所立的「德政碑」前，痛哭失聲，感懷其恩德。

越王兵敗後，狄仁傑被任命為豫州刺史。當時的宰相張光輔平定越王叛亂有功，他手下的將士自恃功高，四處屠殺降卒以邀戰功，還向狄仁傑大肆勒索。狄仁傑當面怒斥張光輔說：「禍亂河南的原本只有李貞一人，如今死了一個李貞，卻生出千萬個李貞！」張光輔不解地問此話何意。狄仁傑說：「你領兵三十萬討伐李貞，豫州百姓聽聞唐軍來到，都出城投降，你卻放任士兵殺害降卒，無辜之人屍橫遍野，這不是比千萬個李貞禍害更甚嗎？」狄仁傑越發激動地說：「我若有尚方寶劍在手，恨不得架在你的脖子上！」張光輔啞口無言，卻怒火中燒。不久後，張光輔參奏狄仁傑妄自尊大，以下犯上，致使狄仁傑被貶為復州刺史，後來又降為洛州司馬。

武則天晚年崇信佛教，大興佛寺。久視元年（七〇〇年），武則天想要修造浮屠大像，須耗費錢財數百萬，動用無數百姓服勞役。狄仁傑上奏說：「佛教以慈悲為懷，如果勞民傷財做表面修飾，便背離了佛教的宗旨。如今邊境尚未安定，水旱災害頻發，倘若虛耗官銀，萬一一方有難，將如何解救呢？」武則天接受了狄仁傑的勸誡，將修佛像一事作罷。

極具智慧的諍臣

狄仁傑一心為公、仗義執言，是唐朝有名的諍臣。然而，他又不僅僅是個直來直去、意氣用事的臣子。在武則天這樣嗜殺殘暴的女皇身邊為官，需要極強的應變能力和極高的政治智慧，狄仁傑恰恰做到了這一點。

天授二年（六九一年），狄仁傑被武則天召回朝中，出任宰相。武則天對狄仁傑說：「你任豫州刺史時政績卓著，後來卻被貶官，是因為有人在我面前進讒言，你知道是誰嗎？」狄仁傑說：「陛下如果認為臣有過錯，臣必當改正；如果認為臣沒有過錯，那就是臣的大幸。臣不知道進言之人是誰，但既然同朝為官，請陛下不要告訴臣他的名字。」一番寬仁得體的話令武則天也不禁由衷讚嘆。

同年，由於武則天大興酷吏，鼓動告密之風，覬覦皇位的武承嗣（武則天的姪子）趁機勾結酷吏來俊臣誣陷狄仁傑，欲除去阻礙自己爭位的心頭大患。狄仁傑以「謀反罪」被打入大牢，接受來俊臣的審訊。來俊臣明知狄仁傑蒙冤，已經預備動用大刑令他認罪。誰知，來俊臣剛問一句：「狄仁傑，你可知罪？」狄仁傑便應聲而答：「武氏建的是大周，我是大唐舊臣，確實參與了謀反，甘心被誅！」來俊臣得到供狀，喜出望外，便把狄仁傑收監，只等最後行刑了。

狄仁傑為何不合常理地急著認罪呢？因為他對大唐律法和判官心理瞭若指掌。首先，大唐律法規定，一經訊問便認罪伏法的人可以免於死刑。狄仁傑急著認罪，至少保住了性命，為申冤贏得了時間。其次，認罪後就不必受刑，狄仁傑不僅避免了皮肉之苦，更重要的是避免了像很多忠正之臣一樣在獄中被折磨致死的悲劇。再次，他斷案無數，對判官的心理非常瞭解，因而深知一旦犯人認罪，判官便會放鬆警惕，他也就有了自救的機會。

於是，狄仁傑在這天晚上祕密寫了訴狀，將冤情陳述其中，縫在棉衣內側。然後，他叫來一個名叫王德壽的判官，對他說：「近日天氣炎熱，請託家人為我去掉棉花，做成單衣拿回來穿吧。」王德壽並未起疑心，反而勸說狄仁傑供認與另一位大臣楊執柔同謀，以減輕自己的罪行。狄仁傑堅決不認，用頭撞擊柱子，血流滿面，並說：「倘若我狄仁傑做出這等事，當天誅地滅！」王德壽大驚失色，慌忙拿起棉衣直奔狄府。狄仁傑的兒子拆開棉衣，看到訴狀後，面見武則天為其父申冤。武則天立即召見狄仁傑，通過比對筆跡發現狄仁傑謀反的證據為假，便釋放了他。儘管狄仁傑仍被貶為彭澤縣令，但能從酷吏的獄中活著出來已是莫大的奇蹟。

狄仁傑獨具智慧，善於變通，不僅體現在「越獄」這樣的自救行為上，更體現在光復李唐的歷史壯舉上。

「唐室砥柱」名垂青史

武則天晚年時，傳位於誰的問題使她備受困擾。一邊是親生骨肉李姓，一邊是她深為倚重的姪子武姓，武則天猶豫不決，常常為此寢食難安。狄仁傑深知武則天雖貴為帝王，終不會泯滅身為女性的情感，尤其到了晚年，就更加看重母子親情的分量。

一日，狄仁傑對武則天說：「陛下，立親生兒子為嗣，您可以千秋萬歲供奉於太廟，承繼無窮；而立姪子為嗣，則從未聽說過有在太廟中供奉姑母的事情。骨肉至親與外姪相比，孰親孰疏，相信陛下自有聖斷。」武則天有些不悅地說：「這是朕的家事，豈能讓你來預知？」狄仁傑語重心長地說：「帝王以四海為家，四海之內，有什麼不是陛下的家事呢？陛下為元首，臣子為股肱，君臣本是一體，何況臣官至宰相，怎能對立嗣的大事不聞不問呢？」武則天有些心動，但終究沒有下定決心。後來，狄仁傑數次進諫，力舉廬陵王李顯，激動時每每涕泗橫流。

武則天晚年寵信兩個男寵，名叫張昌宗和張易之。兩人雖紅極一時，但也不免擔憂武皇死後自己的前途和命運。他們深知狄仁傑德高望重，便向他諮詢永保富貴的方法。狄仁傑說：「為今之計，你們應當力勸陛下迎接廬陵王李顯入宮，立為太子。這樣你們就立下了大功，太子即位後必會寵信你們。」張昌宗與張易之茅塞頓開，於是日夜在武則天耳邊念叨李顯的賢德。久而久之，武則天果然被說動。

一次，狄仁傑面見武則天，再次痛陳立嗣事宜，叩請武則天順應民心，迎回李顯。說到動情處，他又不禁淚流滿面，武則天一甩手，輕輕地說：「還你太子。」這時，屏風一開，李顯正站在那裡嗚咽不已。狄仁傑看到太子歸來，喜不自禁。這一幕被史書記載為「卒復唐室」，狄仁傑也因此被後人尊為「有再造唐室之功」、「唐室砥柱」。

武周久視元年（七〇〇年），狄仁傑病逝。自青年時代到耄耋之年，狄仁傑為官大半生，鞠躬盡瘁，為社稷民生和大唐江山立下了不朽功勞。他死後，朝野慟哭，百姓哀號。

河南洛陽白馬寺的狄仁傑墓

臉不黑的包青天

包拯其人

「開封有個包青天，鐵面無私辨忠奸」，紅遍大江南北的電視劇《包青天》使臉龐黝黑、額上長著小月牙的包公形象家喻戶曉。然而，真正的包青天卻是個眉清目秀的書生。黑臉的形象緣何而來？這位青天大老爺在真實的歷史中又有著怎樣的傳奇經歷？

鐵面「閻羅」包拯

名傳千古的包青天，無論是出現於戲曲舞臺，抑或影視作品中，都是黑臉扮相。但據記載，包拯的面色雖然算不上白皙，卻也只是微黑。在包公祠二殿的石碑上有一幅包公的畫像，上面的包公是白臉形象，五官端正，眉清目秀，身高約一百六十公分左右。戲曲舞臺和螢幕上之所以選擇臉黑如炭、額有月牙的形象來演繹包公，其一是為了把包公的形象與戲曲舞臺上代表奸臣的白臉鮮明區分開來；其二則是為了凸顯他的剛正不阿、鐵面無私、不畏權貴、為民做主，傳達一種青天白日、朗朗乾坤的正氣。

包公本名包拯，北宋咸平二年（九九九年）誕生於廬州合肥（今安徽省合肥市）的一個官僚家庭。少年時代的包拯深受父母的寵愛，一直閉門刻苦讀書，修身養性，二十九歲時考中進士。《鍘包勉》和《包公賠情》等戲曲中說包拯自幼被父母遺棄，由嫂子撫養成人，這純屬「戲說」。

包拯的為官經歷中，最為後人傳頌的一段是他權知（宋太祖罷節度使後設立的官名，即暫代某官職而非正官）開封府的日子。宋仁宗嘉祐元年（一〇五六年），包拯上任開封知府時，已經是五十八歲的高齡。他打擊權貴，秉公執法，贏得了百姓的擁戴。據《宋史．包拯傳》記載：「包拯立朝剛毅，貴戚宦官為之斂手，聞者皆憚之。」在民間，百姓給他起了一個綽號「閻王爺」，還流傳著「關節不到，有閻羅包老」的民謠。這句話的意思是，打官司如果沒有錢來疏通，包公自會為民做主，而用錢來打通關節的事情，包公是絕不容忍的。

按照當時的宋朝法律，老百姓到衙門裡告狀，不能直接到知府面前遞交狀子，而必須要通過「門牌司」來轉達。「門牌司」常常為此刁難勒索百姓，使很多有冤情的百姓不敢報官，難以伸張正義。包拯上任後，立即撤掉了「門牌司」，把開封府的大門打開，讓百姓直接到大堂之上遞狀陳冤。這一舉措讓包拯深得民心，連市井的婦女、孩子都知道包拯的名字。

開封城裡有一條惠民河。然而，這條惠民河卻不「惠民」，經常氾濫成災，使周邊百姓無家可歸。包拯不禁產生了疑問：「是什麼原因使河水氾濫成災呢？」他經過調查，發現兩岸的達官貴族私自在河上建築堤壩，種花養魚，並與自己的宅院連通起來，形成「水上花園」的奇觀。而這就使惠民河被堵塞，造成河水氾濫成災的局面。包拯當即下令挖掉堤壩，疏通河道，沖走水上花園。如此一來，包拯就犯了官僚貴族的眾怒。有的皇親國戚自恃位高權重，把他告到了皇帝那裡。包拯毫不畏懼，拿出事先畫好的地圖，證明建造水上花園不僅違制，而且危害百姓。最終，皇帝也只好答應拆毀堤壩。

儘管包拯在開封府只做了一年多的知府，卻將開封治理得井井有條，為百姓解決了不少難題。包拯為官四方，每到一處都是不辭辛勞，恭儉為民。

端州（今廣東省肇慶市）盛產硯臺，每年都要向朝廷進貢。歷任端州知縣不僅向百姓收取端硯貢品，還會肆意加上幾十倍的數目，盤剝百姓，搜刮民財。包拯出任端州知縣後，明令官吏只許按規定數量收取貢品，絕不能欺壓百姓。而包拯自己始終沒有收受一方端硯。離任時，當地百姓特意製作了一方端硯送給他，也被他婉言謝絕了。這就是「不持一硯而歸」的典故。

包拯擔任三司戶部副使時，江南地區發生了罕見的旱災，民不聊生。包拯意欲開倉放糧，救民於水火。然而，依照當時的慣例，開倉放糧必須奏請皇帝，待批准後才能實行。包拯心想，等待皇帝批准前後要幾個月的時間，不知要餓死多少百姓。於是，他果斷地宣布放糧，同時派人急奏朝廷，使很多百姓免於饑荒。

讓皇帝「頭痛」的諫臣

「陳州放糧」是人們熟悉的一段以包公為主角的戲曲。戲曲的創作依據便是包拯任監察御史期間的一件「怪事」。

轉運使王逵是朝中有名的貪官，很多人都畏懼他的權勢，敢怒而不敢言。一次，王逵向皇帝告狀，說陳州（今河南省淮陽縣）官員任中師盤剝百姓，任意搜刮錢糧。此事一出，立刻引起一片譁然——王逵貪婪卑鄙人盡皆知，而任中師是百姓心中的清廉好官，這是否是栽贓陷害？皇帝派官員前去陳州調查，但沒有人敢去，唯有包拯主動請命。他在陳州充分調查後，掌握了證據，原來壓迫百姓的不是別人，正是王逵自己。包拯列舉王逵罪狀，要求將他剝削的贓款歸還百姓，並將他撤職查辦。為懲治王逵，包拯先後七次上疏，終於為民除了一害。

包拯為官時是宋仁宗年間，當時冗官、冗兵和冗費成為「三害」，貪官汙吏橫行，百姓負擔沉重。包拯多次彈劾貪官，並向皇帝大膽進諫，改革各種弊政，糾正朝野弊端。滿朝文武，只有包拯敢直言不諱，他也因此成了讓宋仁宗「頭痛」的官員。

史書記載，包拯曾將魏徵給唐太宗的三道奏章抄寫出來，送給宋仁宗作為座右銘，警示仁宗要以國家大事為重，虛心納諫，選賢任能。包拯曾嚴厲批判宋朝的任官制度，向仁宗上疏《乞不用贓吏》，倡行廉政之風。他主張君王要重用忠誠正直的君子，不能任用奸佞小人，建議提拔「奮不顧身，孜孜於國」的有志之士。

然而，包拯的直言敢諫常常面臨很大的風險，一旦龍顏大怒，就會危及自己的前途命運。一次，為了立太子的事，包拯冒死直諫，並坦言：「我已經老了，說這些不是為了升官發財，如果說得不對，甘願接受責罰。」幸好宋仁宗沒有追究。後來，包拯又直言宮中的親信宦官權力過大，應當精減人員，縮減開支。這一次他雖然也沒有受到仁宗的責罰，卻得罪了仁宗的左右親信。

宋仁宗皇祐四年（一〇五二年），包拯三次彈劾外戚張堯佐，認為「凡庸之人」應該離職。這件事終於觸怒了仁宗。包拯被降職，離開京城，出任河北督轉運使。同時，他被加封了龍圖閣直學士的虛銜，這也是後人稱他為「包龍圖」的緣由。

事實上，包拯仗義執言，並非是對仁宗的不敬，而是出於對江山社稷、百姓福祉的公心。在任開封知府時，包拯為了尊重皇帝向南而坐的威嚴，每次升堂必向北而坐，這就是「包龍圖倒坐開封府」的來歷。包拯對仁宗的敬重由此可見一斑。

一世清名垂千古

宋仁宗嘉祐五年（一〇六〇年），包拯出任三司使和樞密副使，相當於副宰相的職位，成為朝中重臣。這是包拯一生中做過的最高官職。然而，這時的包拯已年過六旬，身體漸漸不支。六十四歲時，包拯死在任上。據說，仁宗皇帝專程到包拯家中與他做最後一別，追贈他為禮部尚書，並賜諡號「孝肅」。

包拯過世後，開封的大街小巷都聽得到百姓對他的哀悼之音。其後數年，包拯的清名遠播四方。後人在包拯的家鄉合肥建造了包公祠，裡面有一副對聯：「理冤獄，關節不通，自是閻羅氣象；賑災

北京頤和園長廊上的「包公問案」彩繪

黎，慈善無量，依然菩薩心腸。」以頌揚包拯一心為民、兩袖清風的品格。如今，包公已經成為家喻戶曉的「清官」典型，包公祠也成為後人憑弔包公、瞻仰其德行的旅遊勝地。

被誤解的忠臣良將

潘美

看過小說和戲劇《楊家將》的人，一定對大奸臣潘仁美恨得咬牙切齒，潘仁美的歷史原型潘美也因此落得千古罵名。事實上，潘美並非奸佞小人，而是北宋初年戰功赫赫的忠臣良將。在名將楊業慘死一事上，潘美不幸地被誤解為罪魁禍首，蒙上了千年冤屈。

血戰陳家谷

宋太宗雍熙三年（九八六年），遼國出兵十萬大舉進攻北宋，宋太宗派東、中、西三路大軍出兵征伐。其中，西路軍主將為忠武軍節度使潘美，副將為雲州觀察使楊業。將軍潘美的千古名聲就與這場大戰以及他的副將楊業緊緊連繫在了一起。

宋軍出發後，一路征戰，進展順利。西路軍攻出雁門關，接連奪取了遼國的寰、朔、雲、應等四個州。然而不久後，東路軍在岐溝關大敗，潘美和楊業奉命掩護班師，並將攻克的四州百姓遷往內地。

這時，遼兵突然反擊，奪回了寰州。是否要與遼兵正面交鋒？圍繞這一問題，潘美軍中出現了針鋒相對的意見。副將楊業認為「目前遼兵軍力占據優勢，我軍的首要任務又是遷移民眾，因而不宜與遼兵大規模作戰」，因此主張按照原定計劃戰略撤退。護軍王侁卻嘲諷楊業臨陣怯敵，力主與遼兵大戰。潘美猶豫再三，最終下令楊業率軍迎戰遼兵主力，王侁等率兵在陳家谷（今山西省寧武縣）接應。

楊業所率的北宋步兵與遼國的騎兵在野外作戰，因寡不敵眾，連連敗退，只好率軍轉戰到陳家谷。王侁等人的伏兵行至半路，聽到了楊業敗退的消息，嚇得倉皇撤退，一走了之。

楊業來到陳家谷，沒有看到接應的一兵一卒，只好孤軍奮戰。他與遼兵血戰良久，身負幾十處傷，部下也幾乎全部陣亡。最終，精疲力竭的楊業被遼兵俘虜，絕食三日而亡。

陳家谷一戰異常慘烈，楊業的兒子楊延玉也戰死沙場。西路軍回朝後，楊業的妻子折氏（即戲曲小說中「佘太君」原型）為楊業父子喊冤，控訴潘美置楊業於險境而不顧。潘美因此被削秩三等，降為檢校太保；護軍王侁、劉文裕被撤職，發配充軍。就這樣，陳家谷血戰成就了一位名垂千古的忠臣義士——楊業，也留下了一個殘害忠良的奸佞形象——潘美。

戰功赫赫的大將

害死楊業的罪魁禍首是潘美嗎？依據《宋史》來看，答案是否定的。作戰前，力主出戰的人是王侁；作戰時，臨陣潰逃的也是王侁。據記載，潘美起初是站在楊業一邊，也主張避敵，只是後來王侁和劉文裕堅決主戰，潘美就沒有堅持立場。當王侁帶兵撤退時，潘美還予以制止。

後人多認為王侁是個小人物，便將主要罪責推到了潘美身上。然而，事實恰恰相反。王侁名為隨軍護軍，實為皇帝安插在軍中的親信。他有直接向皇帝匯報的特權，可以隨時為朝廷提供軍情。因此，潘美雖身為統帥，也不得不忌憚王侁的勢力。

從戰後的處罰情況來看，潘美只是降職，王侁、劉文裕卻是撤職發配，可見主要責任不在潘美。可以說，潘美雖有過失，但絕不是如後人流傳的嫉賢妒能、借刀殺人一般的罪大惡極。

歷史上的潘美是一位對北宋朝廷戰功卓著的大將。在《宋史》列傳中，他排名第十七位，遠遠高於排名第三十一位的楊業。潘美早年曾參與「陳橋兵變」，擁戴趙匡胤稱帝建立北宋，因此很受宋太祖趙匡胤的重用。在宋太祖「杯酒釋兵權」之後，只有潘美的兵權未被收回，可見宋太祖對他的信任之深。

後來，潘美率軍攻打南漢，立下汗馬功勞。他在賀州（今廣西省賀州市）假裝撤退二十里，並以奇兵設伏，大敗南漢軍隊；在韶州（今廣東省韶關等地）用強弩攻破南漢的「象陣」，擊潰南漢主力軍十幾萬；在廣州，又派兵夜晚縱火，燒毀敵營，趁亂急攻，終獲大勝。幾年後，潘美率軍攻打南唐，與敵軍交戰近一年，最終消滅南唐。由此可見，潘美在北宋統一的過程中可謂戰功赫赫。

然而，由於「戲說」的廣泛影響，許多人卻曲解了這位忠臣良將。據說，開封市至今還有一清一濁兩個湖，清湖被人們稱作「楊家湖」，濁湖則被稱作「潘家湖」……

從射雕大俠到平民義士

亦虛亦實說郭靖

武俠小說，金庸為首。金庸小說的一大特色就是虛擬的情節與歷史真相相結合。他的名作《射雕英雄傳》成就了一位婦孺皆知的英雄人物——郭靖。有趣的是，歷史上確有郭靖其人。

兩個「郭靖」

小說《射雕英雄傳》為讀者塑造了一位憨厚、木訥、真誠、善良、武功超群、重情重義的大英雄郭靖，而後的小說《神雕俠侶》則從側面刻畫了中年郭靖正氣凜然的抗元英雄形象。

金庸筆下的郭靖自幼資質愚鈍，但心地善良，多次機緣巧合地為鐵木真稱霸蒙古立下了功勞。後來，他幸遇武林高人，練就了一身蓋世武功。而他與丐幫幫主黃蓉的愛情故事，更是少男少女們心中神仙眷屬的典範。當然，最讓人感懷的還是他做為襄陽城守將時多次擊退蒙元大軍，誓死報國，最終在城破之時與其妻黃蓉、其子郭破虜俱死國難的事蹟。英雄扼腕的結局，在所有讀者心中塑造了一位鮮活而不朽的「射雕大俠」形象。

這段可歌可泣的英雄史詩，也為讀者描述了宋末元初軍民抗元的一幕慘烈畫面。面對書中這樣一位慷慨凜然、大仁大義的抗元名將，襄陽城的守城軍官，有些讀者不禁產生追根溯源的猜想：「歷史上到底有沒有這麼一個郭大俠呢？」答案是肯定的。在《宋史．忠義傳四．郭靖》中，真的就有這麼一位郭靖，但他既不是大俠，也不是抗元英雄，而是一位普通的抗金百姓。

《宋史》中記載，真實的郭靖，是南宋時四川嘉陵江地區的一位土豪巡檢，也就是地方武裝的護衛隊首領。南宋開禧二年（一二〇六年），四川的宣撫副使吳曦叛變降金，當地的百姓不願一同歸服的，便扶老攜幼順著嘉陵江而下投奔南宋朝廷。但吳曦卻派出軍隊驅趕四散的百姓，讓他們回去。郭靖也在被驅趕的人群中。當人群走到白關時，郭靖告訴自己的弟弟：「我們世代是宋朝的子民。自從金兵入侵，我們兄弟不能以死報國，反而入關避難。今日我們被吳曦驅逐降金，我不忍捨棄漢人的衣冠。我願死在此地，做趙氏王朝的鬼。」於是，郭靖與其妻子兒女一同投江而死。

俠之大者，為國為民

真實的郭靖比起小說中同名的英雄，可謂平凡至極。他沒有蓋世的武功，也沒有顯赫的頭銜，只是一個無名的百姓。他死的時候蒙古還沒有開始侵宋，至於與他浪漫一生的黃蓉，更是子虛烏有的人物。不同的時空，不同的身分，不同的背景，不同的遭遇，乍看起來，兩個郭靖幾乎毫無連繫。

其實，如果說真實的郭靖給予了小說人物性格的素材，那麼在郭靖守襄陽的故事中，金庸先生更是有無數的題材可以借鑒和臨摹。宋元交替的那一場歷史變革中，宋朝軍民英勇抗擊元軍的感人故事數不勝數。在真實的襄陽保衛戰中，南宋民兵部將張順和張貴，智勇雙全，臨危不懼，戰前對部下豪言：「此行有死而已，你們有所顧慮的趕快退出，不要壞我大事！」他們臨陣勇抗敵鋒，最後為國捐軀。如此事跡，在那一時刻又何止這兩人呢？可以說，襄陽保衛戰中的無數英雄故事，也同樣是金庸筆下郭靖的原型。

真實的郭靖在人生的最後一刻可能沒有那麼叱吒風雲，沒有那麼轟轟烈烈，但他在面對金國入侵時所表現出的凜然正氣和錚錚鐵骨，又是何等壯哉！從這點上來說，平凡的郭靖與射雕大俠郭靖一樣忠貞，一樣偉大。

在《神雕俠侶》中，金庸借小說中的大俠楊過之口道出了「俠」的含義：「俠之大者，為國為民。」一向來尊重歷史真相的金庸先生在小說中塑造了一位古今無雙的射雕大俠——郭靖，為他披上了具有傳奇色彩的外衣，但不改的是他的剛烈性格和可歌可泣的英雄事蹟。「俠之大者，為國為民」，從這一點上來說，真實的郭靖、張順和張貴，還有許許多多曾經平凡的人物，不論他們是不是金庸筆下的人物原型，他們，都是真正的大俠。

風流倜儻的背後

悲情才子唐伯虎

做為民間傳說的寵兒，唐伯虎無疑是中國歷史上知名度最高的才子。他的風流倜儻、妻妾成群、縱情書畫、玩世不恭，都成為人們津津樂道的話題。然而，真實的唐伯虎卻是個極其悲情的才子。他仕途受挫，半生窮困，唯一的妻子早早將他拋棄，紅顏知己又先於他病死，最終他孤苦終老……

江南第一才子

明憲宗成化六年（一四七〇年）即庚寅年，寅月寅日寅時誕生了一個男嬰，取名為唐寅，又因屬虎，字伯虎。他就是後來號稱「江南第一才子」的唐伯虎。唐伯虎又字子畏，號六如居士、桃花庵主等，明朝吳縣（今江蘇省蘇州市）人。

他自幼聰穎伶俐，卻不務正業，後來在家人朋友的勸誡下才發憤圖強，閉門苦讀，終於在弘治十一年（一四九八年）中解元（鄉試第一名）。唐伯虎工於書畫，善寫詩詞，其中又以畫最為精妙。

少年時，他曾拜當時有名的畫家沈周為師，因天資聰慧，畫藝進步神速。沈周非常欣賞他，多次誇讚他的才華。然而唐伯虎卻因此而自鳴得意，不再虛心學畫。有一次，沈周與唐伯虎一起吃飯，讓唐伯虎去關一下屋中的窗戶，唐伯虎伸手去關，才發現這竟是沈周老師的一幅畫！他大為驚嘆，頓時感到慚愧無比，自此屏棄浮躁，勤奮學畫。後來，他終於超越了自己的老師，成為一代名家。

有傳說稱，曾有一位書生拿著唐伯虎畫的《對蝦圖》過橋，一不小心將畫掉到水裡，畫上的對蝦居然爬了出來，又落到水裡。另有一戶人家牆壁上掛著唐伯虎畫的一幅《竹枝圖》，竹枝上趴著一隻紡織娘（一種植食性昆蟲）。到了晚上，家裡人聽見蟲鳴的聲音，找了半天才發現是畫上的紡織娘在叫。這兩個傳說固然玄虛，卻反映了唐伯虎的畫生動逼真，出神入化。

唐伯虎一生好酒，常常用自己手繪的扇子換酒錢。一次，他在西湖邊的一家酒肆喝酒，結帳時才發現囊中空空。這時，迎面走來一位富商，唐伯虎便想將扇子賣給他換酒錢。富商拿起唐伯虎的扇子，看到上面沒有題款，便鄙夷地說：「畫得亂七八糟，分明是無名小輩所作，分文不值！」偏巧一位書生經過，看到扇子拍案叫絕，又見唐伯虎風度不凡，便恭敬地問：「閣下莫非就是江南第一才子唐伯虎？」在座的酒客聽見後無不驚喜萬分，紛紛出高價要購買唐伯虎的扇子。那位富商也連連賠禮道歉，要以千金換一扇。最終，唐伯虎僅讓書生付了酒錢，便把扇子送給他了。

唐伯虎的詩獨具風格，常常以俗語、白話入詩，通俗有趣。有一次，眾多秀才向唐伯虎求詩，唐伯虎不緊不慢地寫了「一上」兩個字，然後喝下一杯酒，又寫了「一上」兩個字，又喝了一杯，添上「又一上」三個字。秀才們紛紛嘲笑地說：「這也叫詩嗎？」唐伯虎不動聲色，提筆揮就：「一上一上又一上，一上上到高山上。舉頭紅日白雲低，四海五湖皆一望。」寫完就擲筆出門。秀才們目瞪口呆，心服口服。

講述唐伯虎才情的趣聞很多，大都出自野史和小說。明末小說家馮夢龍所作的《唐解元一笑姻緣》風靡一時，使唐伯虎風流倜儻的才子形象家喻戶曉。後來，人們在這部小說的基礎上，又創作了更多生動傳奇的故事，例如《唐伯虎點秋香》等。

一朝失意：科場舞弊案

事實上，唐伯虎雖確有才名，但並沒有傳說中的那樣神乎其神。

《明史》對唐伯虎的生平記載僅兩百餘字，其餘正史對唐伯虎的才華也只是籠統評價，所謂「江南第一才子」的很多故事是無從考證的。至於民間傳說唐伯虎經常出入青樓、有九個老婆等逸聞更是子虛烏有。

真實的唐伯虎出生於一個商人家庭，父母對其期望很高。因而，他從小就苦讀「四書」、「五經」和史書典籍，沒過上幾天逍遙生活。十六歲時，他考秀才高中第一名，在蘇州城名噪一時；十九歲時，唐伯虎迎娶了他第一任妻子徐氏；二十九歲時，他在鄉試中考中解元，可謂人生得意。然而，仕途的重大挫折也隨之而來。

據《明史》記載，唐伯虎參加鄉試時，文章寫得異常精彩，當時的主考官梁儲大為讚賞。回朝後，梁儲拿著唐伯虎的文章給禮部侍郎、學士程敏政過目。程敏政讀完後也連連稱奇。不久，朝廷舉行會試，擔任主考官的正是程敏政。唐伯虎與江陰富商的公子徐經一同赴京趕考，兩人多次前往程敏政府上拜會。然而，徐經心術不正，趁機賄賂程敏政府上的家僮，騙來了會試的考卷。偏巧，那一年會試的題目出得極為冷僻，考生們大多答不上來，唯有唐伯虎與徐經的卷子答得入情入理、文采飛揚。據說，程敏政拿到這兩份出色的答卷時，情不自禁地說了一句：「這必是唐寅與徐經的。」此話被旁人聽見，埋下了禍根。後來，有人告發考題洩露一案，皇帝聽後大怒，將程敏政、徐經和唐伯虎打入大獄。徐經在獄中被嚴刑拷打，終於支撐不住，供出買通家僮洩題一事，並招認：「得到考題後也拿給唐伯虎看了。」後來，刑部和吏部會審，徐經又推翻此前的供詞，說那是屈打成招。皇帝下詔「平反」，釋放程敏政和唐伯虎，並派唐伯虎去浙江做一個小官。唐伯虎引以為恥，沒有上任。

唐伯虎的第二任妻子何氏本指望唐伯虎飛黃騰達、聲名顯赫，一聽說他丟了官位，便心灰意冷，與唐伯虎大吵大鬧後離他而去了。科場舞弊案不僅斷絕了唐伯虎的功名之路，還使他妻離家散，成為他人生的轉捩點。

半生癲狂，清閒度日

弘治十三年（一五〇〇年），剛出獄不久的唐伯虎對仕途徹底失望，決定將自己的後半生寄情於遊歷山川，吟詩作畫。他乘船離開蘇州，來到鎮江、揚州，然後又順長江而上到達蕪湖、九江，遊覽了廬山等風景名勝。然後，他到黃州觀看了赤壁之戰的遺址，又去湖南遊覽了岳陽樓、洞庭湖等地，此後還輾轉到過福建、浙江、安徽等地。這次周遊名山大川，共花費了九個月的時間。唐寅將各地美景收入眼中，為他的後半生作畫積累了豐富的素材。

正德九年（一五一四年），明宗室寧王朱宸濠以重金延請唐伯虎到南昌為其效力。寧王的慧眼識才喚起了唐伯虎心中僅有的一點政治理想。思慮再三之後，唐伯虎決定接受邀請。然而，令他沒有想到的是，寧王請他的用意並不在於他的才華，而是在為謀反篡位招兵買馬。陷入了政治漩渦的唐伯虎十分苦悶，無奈之下，他只好裝瘋賣傻，躲避殺身之禍。後來，寧王見他舉止瘋癲，便放他回到故里。

在去南昌之前，唐伯虎曾在蘇州城北一處依山傍水的地方建了一座桃花塢。桃花塢其實只有幾間茅屋，卻景色宜人，幽靜清雅，唐伯虎在此繪製了大量的繪畫作品。

唐伯虎為此處取名為「桃花庵」，自號「桃花庵主」。唐伯虎有名的《桃花庵歌》就作於此：「桃花塢裡桃花庵，桃花庵下桃花仙。桃花仙人種桃樹，又摘桃花換酒錢。……別人笑我太瘋癲，我笑他人看不穿……」唐伯虎還常常邀請好友祝允明、文徵明等來桃花庵小敘，對酒當歌，吟詩作賦。那段生活雖清貧卻也灑脫，是唐伯虎後半生過得最愜意的一段時光。

據野史記載，唐伯虎後半生曾經遇到一位紅顏知己，名叫沈九娘。沈九娘在唐伯虎窮困潦倒的時候出現，陪他共同患難，一度讓唐伯虎萌生了再娶妻的念頭。然而不幸的是，沈九娘早早病死，令唐伯虎悲痛不已。後來，人們依據沈九娘的名字，竟杜撰出唐伯虎有九房妻妾，這純屬無稽之談了。

無人來買扇頭詩

「十朝風雨苦昏迷，八口妻並告飢。信是老天真戲我，無人來買扇頭詩。」唐伯虎晚年的這首詩用淒涼的筆調描繪出他窮困潦倒的生活。自仕途失意後，唐伯虎經常借酒消愁，喝得酩酊大醉。他常說，自己雖無李白之才，卻能深切體味李白醉酒的樂趣。酗酒使唐伯虎的身體越發多病，又因病無法常常作畫，生活越來越拮据，只能靠好友祝允明、文徵明等人的資助勉強過活。

晚年的唐伯虎沒有了淩雲壯志，沒有了感情寄託，甚至連基本的生活都無法維持。悲情的人生際遇使他的思想日漸消沉，陷入了人生價值的空無。於是他開始篤信佛教，希望從禪學中找到精神的歸宿，並從中參悟了不少人生道理。例如，他曾寫過一首《七十詞》：「人生七十古稀，我年七十為奇。前十年幼小，後十年衰老，中間只有五十年，一半又在夜裡過了。算來只有二十五年在世，受盡多少奔波煩惱。」詞句簡潔而平實，卻道出了他一生的苦悶遭遇以及他悟出的人生苦短、命運無常的道理。

明嘉靖二年（一五二三年）秋天，唐伯虎與幾位友人一同去東山遊玩，看到蘇東坡的一首詞中寫道：「百年強半，來日苦無多。」不禁感慨萬分，心生悲涼。回家後，他的身體狀況更加不好，不久就臥床不起。唐伯虎料想自己時日無多，便寫下了一首絕命詩：「生在陽間有散場，死歸地府又何妨。陽間地府俱相似，只當漂流在異鄉。」幾天後，五十四歲的唐伯虎就在孤獨與憂鬱中死去了。

唐伯虎死後，他的好友祝允明、文徵明等為他湊錢簡單料理了後事，將他埋葬在桃花庵附近。祝允明為唐伯虎撰寫了千餘字的墓誌銘，這成為後人瞭解這位悲情才子的主要史料之一。

因為半生窮困，唐伯虎的字畫、詩文幾乎都賣掉了，散失在四面八方。到了明萬曆年間，有兩位常熟書商因仰慕唐伯虎的才名，千方百計地搜尋他的作品，終於使唐伯虎的詩畫得以流傳。而他的詩文逸事也在此過程中得以豐富和完善，被收錄在《明詩紀事》及《海虞古今文苑》中。

《明史》評價唐伯虎說：「謂後人知我不在此，論者傷之。」的確，在後人流傳唐伯虎的風流倜儻之時，是否瞭解到風流倜儻的背後，隱藏了一代才子怎樣的悲情際遇，怎樣的人生無奈……

事茗圖

《事茗圖》是唐伯虎描繪友人山居生活的畫作。圖中景物開闊，意境清幽，表現了文人隱士的生活情趣。畫面結構嚴謹，人物、山水用筆工細，樹木畫風清勁秀雅，代表了唐伯虎獨特的藝術風格。

俊逸才子大貪官

還原歷史上真實的和珅

說起和珅，往往離不開幾個關鍵字——大貪官、馬屁精、矮胖子、無能……然而，真實的和珅卻是面目清秀、頗具才能的清朝第一大權臣。優越的天資與敗壞的官德奇妙地結合在他的身上，乾隆帝的寵愛與嘉慶帝的賜死又增添了他的神祕色彩。

飽讀詩書，才貌雙全

電視劇中的和珅常被描畫成不學無術、醜態百出的滑稽角色，然而歷史上真實的和珅並非如此庸碌不堪。恰恰相反，他倒是一位才貌俱佳、學識出眾的「才子」。和珅最初的發跡正是與他出色的個人資質緊密相關。

和珅原名和善保，滿洲正紅旗人。他生於官宦之家，十歲時進入皇宮西華門內的咸安宮官學讀書，「少小聞詩達禮」，顯示出過人的天資。讀書期間，他接受了系統的儒學經典和滿、漢、蒙古文字教育，由於天資聰穎，勤奮努力，而得到老師吳省蘭等人的器重；十八歲那年，他與官階正二品的內務府總管大臣馮英廉的孫女結婚；二十歲時，和珅承襲了祖上傳下來的三等輕車都尉的世襲爵位；二十二歲時，和珅當上了官階正五品的三等侍衛，隨即充任「黏杆處侍衛」。所謂「黏杆處侍衛」，就是負責皇帝巡狩時扶車撐傘的差使，和珅也因此有了與皇帝親密接觸的機會。

相傳一次巡狩時，乾隆帝審閱邊境要犯逃脫的奏報，隨口誦了一句《論語》中的「虎兕出於柙，龜玉毀於櫝中，是誰之過與」（老虎和犀牛從籠中出來傷人，龜玉在匣子裡被毀，是誰的過錯呢？孔子藉此來指斥管理者的過失）。乾隆帝身邊的侍從大多沒讀過書，聽後面面相覷，不知何意。而飽讀詩書的和珅在旁聽得分明，當即應聲回答道：「『典守者不得辭其責耳。』」乾隆帝對身邊侍衛有如此學識感到非常驚奇，又見和珅長得眉清目秀，身材頎長，儀度俊雅，聲音洪亮，是個標準的美男子，不禁讚賞有加。

從此之後，和珅憑藉出眾的資質和皇帝的賞識青雲直上，歷經乾清門侍衛、御前侍衛、正藍旗滿洲副都統等職，隨後任領班軍機大臣、文華殿大學士、理藩院尚書、內務府總管、領侍衛內大臣、《四庫全書》總裁官、步軍統領、九門提督，擔任戶、兵、吏部三部尚書等顯赫之職。

除此之外，和珅還成了乾隆帝的親家翁，乾隆帝將自己最寵愛的十公主賜婚給了和珅的兒子豐紳殷德。

和珅可謂「憑才而起」，之後「乘寵登天」。

萬千寵信為哪般

飛黃騰達之後的和珅「集萬千寵愛於一身」，其官階之高、官位之多、掌權之廣、權力之大，清代歷史上找不出第二位。因此，他又被稱為「清朝第一大權臣」。

乾隆帝為何如此寵信和珅呢？當然，首先是因為他有才能。舉個例子，清朝史館編修的和珅原始檔案《和珅列傳》中記載，乾隆四十五年（一七八〇年）正月，三十一歲的和珅被派遣查辦雲貴總督李侍堯的貪汙案。類似的案件通常由於缺乏證據而很難處理。但和珅很精明，他首先拘審了李侍堯的管家，取得了貪汙的實據，迫使精明幹練的李侍堯不得不低頭認罪。和珅前後只用了兩個月的時間就了斷此案，令乾隆帝極為讚賞。另外，乾隆朝《平定廓爾喀十五功臣圖贊》中還特別提到，和珅精通滿、漢、蒙、藏四種文字，而且還掌握鮮為人知的西藏祕咒，這種才能在當時的朝廷官員中是極為少見的。

當然，才能並不是和珅做官「登峰造極」的決定性因素，他得寵的關鍵還是在於擅長揣摩聖意，迎合乾隆帝的心思。和珅發跡之時，乾隆帝已步入老年，此時的乾隆帝已是志得意滿，自詡為一代聖君了，他最喜歡的就是身邊有人迎合他的自滿心理。和珅恰恰摸透了這道心思，做了乾隆帝「為君父解憂，捨汝其誰」的知心紅人。

乾隆帝晚年生活奢靡無度，為了慶祝自己的八十大壽，他計畫舉行萬壽大典和千叟宴，但這需要大把的銀子。當時，國庫已經瀕臨枯竭，無處籌款，滿朝大臣要麼無計可施，要麼力圖節省，使乾隆帝大為掃興。而和珅卻堅決支持乾隆帝的想法，想出很多「邪門歪道」的主意為皇帝斂財。在被任命為大壽慶典的籌辦總管後，和珅想出主意，讓外省三品以上大員都要進獻大量的銀子來祝壽。如此一來，和珅很快就籌足了大壽慶典所需的費用，討得了乾隆帝的歡心。

除此之外，和珅還很能投乾隆帝所好。乾隆帝一生喜愛詩文和書法，和珅為了迎合他，在這些方面下苦功夫，並達到了很高的水準。他常與乾隆帝對詩，作品中有不少佳篇；他還經常臨摹乾隆帝的書法，以致後來他的字竟酷似乾隆帝的筆跡。乾隆帝自然也很喜歡，於是在晚年乾脆把一些題匾交由和珅代筆了。

尤其到了晚年，乾隆帝很多事情已經再也離不開和珅了。老到口齒不清的乾隆帝，只需一個動作或者一個眼神，和珅就能明白他的意思，並馬上辦好。而「吃透」了皇帝的和珅，又怎能不呼風喚雨呢？

大貪官的斂財門道

和珅的才能和攻心之道，並不能掩蓋他的貪官本質。和珅是「歷史上的一大貪官」，這十有八九是名副其實的。他聚斂財富的主要方式是任用官員索取賄銀。內到九卿，外到督撫司道，不向和珅行賄，是很難有官做的，於是出現了「政以賄成」的禍國殃民的嚴重局面。他斂財的第二種方式就是貪汙，他利用職務之便，私吞各地進貢的銀兩和寶物，甚至皇宮裡的寶物，他也敢私運出宮，據為己有。另外，和珅還經營著各種產業。他憑藉自己的精明，通過買賣土地和古玩，收取租費，甚至經營瓦廠[7]等方式，聚斂了大筆財富。

為了斂財，和珅還創立了一種叫「議罪銀」的制度，就是讓有過失的地方官員用交納罰款的方式來代替處分。「議罪銀」少則數千兩，多則幾十萬兩。這種破壞綱紀國法的制度很快就讓乾隆帝和他自己的荷包變得滿滿當當的，但這卻嚴重腐蝕了清朝的官僚隊伍。許多督撫大員都受到過這種敲詐，而他們花錢買平安的途徑就是把這筆錢層層攤派下去，最後全變成了對老百姓的盤剝。和珅到底聚斂了多少財產？根據中國第一歷史檔案館館藏的《和珅犯罪全案檔》中記載，嘉慶四年（一七九九年）查抄和珅財產時，已發現的家資有：「地畝八千餘頃，房屋三千餘間，當鋪七十五座，銀號四十二座，古玩鋪十五座，紫檀鐵梨庫六間，綢緞庫四間，玉器庫二間，瓷器庫二間，洋貨庫二間，皮張（作製革原料的獸皮）庫二間……赤金元寶一百個（每個重一千兩），白銀元寶一百個（每個重一千兩），赤金五百八十萬兩……金碗碟三十二桌（共四千二百八十八件），銀碗碟三十二桌（共四千二百八十八件），金鑲玉的筷子二百副，水晶杯一百二十個，碧玉茶碗九十九個，赤金臉盆四十三個，赤金痰盂二百二十個……大紅寶二百八十塊，小紅寶石三百八十三塊，各色玉如意四千一百二十六支，大東珠六十餘顆（每顆重二兩），珍珠手串二百三十六串（每串十八顆），寶石素珠一千零一十盤，大金羅漢十八尊，金玉朱翠各色首飾二萬八千餘件……」

7瓦廠：製作或燒製磚瓦的場地。

恭王府內景

恭王府位於北京市西城區前海西街，是清代規模最大的一座王府，曾是和珅的宅邸。府邸建築規模宏大，布局規整，內部裝飾富麗堂皇，盡顯奢華。

有人做過估算，查抄的和珅資產總共估值約白銀十一億兩，相當於當時清政府約十五年的國庫收入。據說，和珅的故宅恭王府中，至今仍有未被發掘的財寶。

儘管生前盡享尊貴榮華，和珅仍免不了因貪汙受賄、結黨營私而不得善終。乾隆帝死後幾天，和珅即被嘉慶帝以「二十大罪狀」賜死，背負上千古罵名。

從清正剛直到圓滑世故

真實的「劉羅鍋」

在螢幕上，「宰相劉羅鍋」是一個剛正廉明、足智多謀的清官。他心懷百姓，懲貪治腐，還常常讓乾隆帝身邊的「紅人」和珅丟人現眼。在百姓眼中，「劉羅鍋」可謂是正義與智慧的化身，連他的「羅鍋」也顯得十分可愛。然而，真實的「劉羅鍋」卻不完全如此……

劉墉不是羅鍋

「劉羅鍋」是人們對清代名官劉墉的慣稱。相傳，劉墉是個駝背（俗稱羅鍋），朝野皆知。關於劉墉的「羅鍋」，民間還流傳著許多有趣的故事。

傳說劉墉參加科舉考試的殿試時，乾隆帝親自主考。乾隆帝看到劉墉是個羅鍋，便戲弄他說：「你能以羅鍋為題作詩一首嗎？」劉墉隨即吟詩一首：「背駝負乾坤，胸高滿經綸。一眼辨忠奸，單腿跳龍門。丹心扶社稷，塗腦謝皇恩。以貌取才者，豈是賢德人。」乾隆帝聽後，又是驚嘆，又是慚愧，當場就將劉墉點為狀元；又有傳說稱，劉墉入朝為官後，上朝叩拜的姿勢非常奇特，引來滿朝文武的捧腹大笑。乾隆帝看到劉墉本來就駝背，又叩拜得很滑稽，便說：「劉愛卿，你這麼一拜，不就成了羅鍋了嗎？」劉墉立即磕頭高呼：「謝主隆恩！」乾隆帝與大臣們都感到不解，忙問劉墉為何謝恩。劉墉笑著說：「按大清律，皇帝賜予臣子封號，封一個字，每年可加俸祿萬兩。如今皇上封了『羅鍋』兩個字，臣每年便可以多拿俸祿兩萬兩，這真是皇恩浩蕩啊！」乾隆帝聽後哭笑不得。

有關「羅鍋」的傳說固然有趣，卻多為誤傳。儘管史料上沒有關於劉墉儀表堂堂的記載，但他至少也是身體端正，絕不會是駝背的樣子。據考證，清代選拔官吏有全面而嚴格的標準，概括起來有四個字——「身、言、書、判」。所謂「身」，便是相貌端正、體格健壯；「言」是指口齒伶俐、表達清晰；所謂「書」，是指字體工整、筆法清秀；所謂「判」，是指斷事精準、思維敏捷。劉墉做為清朝官員，定然要通過這四項審核。四項之中，「身」是第一位的。倘若劉墉是個「羅鍋」，不僅難立官威，而且有損大清國體，那麼即便他出身再高，也不可能入朝為官。

那麼，「劉羅鍋」的誤傳從何而來呢？一般認為是源於嘉慶帝對劉墉的稱謂。一種說法是，嘉慶帝即位後，劉墉已年過八旬，難免有些彎腰駝背。嘉慶帝常常以「劉駝子」稱之，這一稱謂逐漸傳播開來，民間就誤以為劉墉天生駝背了。

另一種說法是，劉墉身為嘉慶帝的老師，深受敬重，被尊稱為「劉閣老」。由於「閣」與「鍋」讀音相近，「閣老」在人們的口耳相傳中就變成了「鍋腰」，劉墉也就了「劉鍋腰」。「鍋腰」在京城方言裡稱為「羅鍋」，於是「劉羅鍋」的叫法便流傳開來了。

出身名門的飽學之士

民間傳說大多將劉墉說成出身平凡的學子，有的影視作品甚至說劉墉家境貧寒，但事實恰恰相反。劉墉出身於清代著名的官宦世家，祖孫三代均官居高位，其門第之高，在清代很少有人可與之相比。乾隆帝曾特賜劉墉御製詩：「海岱高門第，瀛洲新翰林。家聲勉永繼，莫負獎期深。」意思是劉墉出身名門望族，為官應有所建樹，不辱門楣。

劉墉，字崇如，號石庵，康熙五十八年（一七一九年）生於山東諸城（今屬山東省高密市）。他的曾祖父劉必顯是順治年間的進士，祖父劉棨是康熙年間有名的清官，父親劉統勳是乾隆朝前期極受重用的諍臣，是以漢人身分出任首席軍機大臣的第一人，其地位之高、兼職之多，堪與後來的和珅相提並論。自劉墉的曾祖父劉必顯至劉墉的姪孫劉喜海，劉氏家族共出了三十五位舉人、十一位進士和兩位大學士。

生長在這樣的家庭裡，劉墉自幼便飽讀經書，博聞強識。然而奇怪的是，劉墉在三十歲之前卻沒有參加科舉考試的紀錄。直到三十三歲時，劉墉才因出身名門，直接參加了在京舉行的會試和殿試，被欽點為二甲第二。據說，由於劉墉才華出眾，乾隆帝舉行殿試時曾欲將他點為狀元，後來因其父劉統勳極力反對才作罷。

中進士後，劉墉進入翰林院深造，三年後授翰林編修，不久升為翰林侍講。此後，劉墉多次擔任科舉鄉試、會試的正考官，三次兼署國子監，曾先後任《四庫全書》館副總裁，三通館、會典館總裁。《清史稿》評價劉墉的才能為「外嫻政術，內通掌故，博通經史，長於古文考辨」。

劉墉不僅學識出眾，還是歷史上著名的書法家。他集歷代名家之所長，自成一派，與翁方綱、梁同書、王文治並稱為「清代四大書法家」。劉墉的書法體豐骨勁，筆法渾厚，尤其擅長小楷。後人稱讚劉墉的小楷不僅有鐘繇、王羲之、顏真卿和蘇軾的法度，還深得魏晉小楷的風骨。

百姓心中的「劉青天」

劉墉的官場生涯，前期主要是在各地做地方官。這段時期，他剛正不阿，為民除暴，革除了科場、官場的不少弊端，一度被百姓稱為「劉青天」。

劉墉任廣西鄉試正考官、江蘇學政[8]時，曾針對當時科場風氣不正、官犯勾結的狀況，雷厲風行地進行了懲治。正因劉墉作風嚴正，很多想蒙混作弊的考生一聽說是劉墉監考，都嚇得不敢進場。

乾隆四十五年（一七八〇年），劉墉出任湖南巡撫。當時，湖南受災嚴重，民不聊生，貪官汙吏橫行，偷盜案件頻發。劉墉到任之後，多次微服私訪，查明了災情和案件實況。他一連撤了兩名知縣和一名知州，令官場風氣為之一振；同時開倉賑糧，接濟災民，使百姓暫渡難關。他還下令加固城垣，修建倉儲，並鼓勵民間開採峒硝[9]。不久，湖南就恢復了社會安定、民生豐足的局面。

關於劉墉的剛正廉潔，最為人稱頌的史實是查辦山東巡撫國泰一案。乾隆四十六年（一七八一年），劉墉遷為都察院左都御史，次年三月仍入值南書房[10]，不久又充任三通館總裁。

---

8 學政：學官名為提督學政，職責為掌一省學校、士習、文風之政令。
9 峒硝：山洞裡的硝礦。
10 南書房：始於康熙帝為加強中央集權，選調翰林等官輪值之處，是以皇帝為中心的決策機構。

此時，御史錢灃參奏山東巡撫國泰橫徵暴斂、貪贓枉法、結黨營私等罪名，引起朝野震動。因為國泰是和珅的心腹，黨羽眾多，勢力龐大，朝中官員大多忌憚他。乾隆帝立即派和珅、劉墉及錢灃一同前往山東調查此案。和珅有意袒護國泰，在查案之前還暗中給國泰通風報信，給劉墉的調查製造了不少麻煩。劉墉到達山東後，化裝成一個道人，暗自查訪，結果發現國泰罪行累累、證據確鑿。例如：國泰將山東受災情況謊報為豐收，邀功請賞；以向皇帝納貢的名義搜刮民財，致使幾十個州、縣府庫虧空；為掩蓋自身罪行，他還殺害了為民請命的九位進士、舉人等。此時，與和珅親近的眾多官員開始為國泰遊說，劉墉頂著壓力，向朝廷歷數國泰的種種罪行，並擺出自己查獲的鐵證。最終，國泰認罪伏法，涉案的三十多位官員被一一處置。國泰一案轟動一時，在百姓中廣為傳頌。

了結國泰案後，劉墉被任命為吏部尚書；不久又授工部尚書，仍兼署吏部，並充任上書房總師傅。但調任京官之後，劉墉開始奉行圓滑世故、明哲保身的為官之道，漸漸失去了早年的銳氣。

在民間故事和影視作品中，劉墉總是有勇有謀地對付和珅，打擊和珅的囂張氣焰。然而，事實並非如此。從力量對比來看，在兩人同朝為官的二十餘年中，和珅始終是乾隆帝身邊的大紅人、權力場上呼風喚雨的重臣，而劉墉的官位、勢力與和珅不可同日而語。劉墉為官後期不再是稜角分明、剛直不阿的處世風格，而是變得圓滑世故、樂於取悅。據史料記載，劉墉調入京城後，看到和珅位高權重，其黨羽遍布朝野，便對和珅及其親信虛與委蛇。

另據嘉慶元年的聖諭，乾隆帝曾經向劉墉詢問一位名叫戴世儀的官員才能如何，劉墉模稜兩可地說：「還可以吧。」事實上，戴世儀能力平庸，連乾隆帝都心知肚明。乾隆帝因此斥責劉墉對於選拔人才完全不留心，令他「捫心內省，益加愧勵」。由此看來，劉墉為官後期做起了「老好人」，不願再得罪官場同僚。

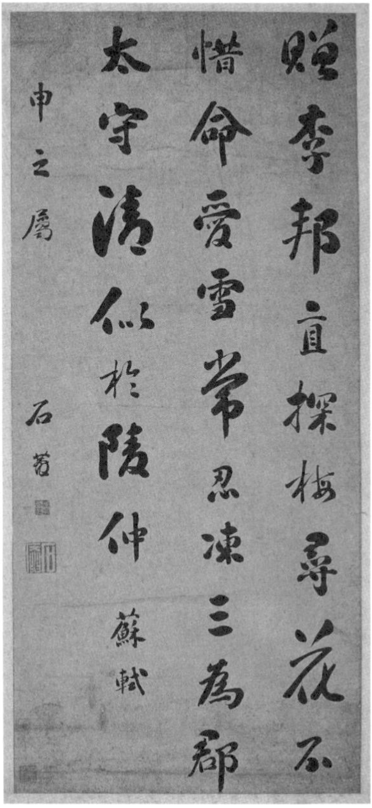

劉墉書法

劉墉書蘇軾詩《贈李邦直探梅》，水墨金箋，後鈐（用印）劉墉印信：石庵（劉墉的號）。

11 上書房：清代皇子讀書的場所。

糊塗為官，「小錯不斷」

乾隆五十二年（一七八七年）之後，劉墉為官便「小錯不斷」。一次，乾隆帝與劉墉談及嵇璜、曹文埴的為官情況。後來劉墉卻不小心把談話內容洩露了，引得乾隆帝不悅。不久，劉墉受命主持祭拜文廟，因沒有行規定的「一揖之禮」而遭到太常寺卿德保的參劾。乾隆五十三年（一七八八年）夏天，劉墉兼署國子監期間發生了鄉試考生舞弊事件，劉墉因此被彈劾並受到處分。但僅僅半年後，劉墉又犯了一個小錯，這次終於觸怒了乾隆帝。

乾隆五十四年（一七八九年）二月底至三月初，京城連天陰雨，上書房教皇子讀書的師傅們一連好幾天沒有開課，當時任上書房總師傅的正是劉墉。乾隆帝得知此事後，龍顏大怒，對劉墉大加申飭，並降了他的官職。在降官的聖諭中，乾隆帝毫不留情地指出劉墉接連失職，過失甚大，實難寬恕。四年後，劉墉充任會試主考官，因閱卷不細，出現了很多不合格的試卷。乾隆帝得知後，再次對劉墉進行了嚴厲斥責。因為這一系列的錯誤，劉墉錯失了被授予大學士的機會。嘉慶元年（一七九六年），已為太上皇的乾隆帝增補比劉墉資歷淺的董誥為大學士，並批評劉墉「向來不肯實心任事」。一年後，劉墉才被授為體仁閣大學士，但聖諭中仍稱劉墉「行走頗懶」、「茲以無人，擢升此任」。

事實上，劉墉最高的官位僅是「體仁閣大學士」，他從未進過軍機處，也就沒有涉足清代政治權力的核心。因此，後世稱劉墉為宰相，多半是不正確的。

劉墉為官的前期與後期，執政能力判若兩人，不禁令人感到費解。仔細看來，劉墉所犯的錯誤，多因大意失察而成，而且一犯再犯，實在不像一位飽學之士的作為。巧的是，劉墉犯的錯都說大不大，說小不小，賠不上身家性命，卻總能招致乾隆帝的訓斥。

由清正剛直到圓滑世故，由慎思明察到糊裡糊塗，這均是出於同一個原因：那便是那些平庸糊塗、不功高蓋主的官員更得乾隆帝的喜愛。劉墉正是看透了這一點，所以寧願表現得有些小糊塗，也要順應官場規則以求自保。

嘉慶十年（一八〇五年）一月，劉墉卒於官，享年八十五歲。他雖一生清廉，但沒有做到不失剛正，因此，嘉慶帝賜謚號「文清」，而非「文正」。

第二章　撥開重重迷霧

喋血長樂宮

揭祕韓信之死

漢高祖十一年（前一九六年），淮陰侯韓信被詐誘至長樂宮鐘室內，以謀反的罪名被斬殺，一代名將之星就此隕落。做為西漢開國第一功臣，韓信之死引得無數後人為其鳴不平。韓信何罪之有？一句「飛鳥盡，良弓藏；狡兔死，走狗烹；敵國破，謀臣亡」的慨嘆，又能把一切原委說盡嗎？

功高蓋主難避禍

韓信（字正史無考，一說字重言），秦末淮陰（今江蘇省淮安市）人。他出身寒微，自幼四處寄食於人，曾受過「胯下之辱」，然而抱負遠大，能力超群。韓信起初跟隨反秦起義軍首領項梁和西楚霸王項羽，然而始終未得到重用，只做了些小官。後來他轉投劉邦帳下，在劉邦謀士蕭何的極力推薦下，被提拔為大將軍。

此後，韓信為劉邦規劃了奪取天下的方略，接著率領軍隊東征西討，開始了為劉邦平定天下的征程。他首先利用項羽討伐齊王的機會，「明修棧道，暗渡陳倉」，突襲奪取了關中地區，挑起了「楚漢之爭」；接著率軍收服了魏王魏豹和河南王申陽，使得韓王鄭昌和殷王司馬卬望風而降。後來，劉邦為項羽所敗，韓信趕來收整殘兵，在滎陽擊潰了項羽的追兵，重振漢軍的威風。此後，韓信受命討伐並剿滅了叛變的魏王魏豹，又以少勝多攻下代國和趙國，接著不費一兵一卒地逼降了燕王臧荼，繼而揮戈東擊掃平了強大的齊國。漢高祖五年（前二〇二年），韓信統馭漢軍將項羽的十萬楚軍包圍在垓下（今安徽省宿州市內）。韓信命令將士反覆吟唱楚歌，藉此勾起楚軍的思鄉之情。楚軍將士的心理防線被徹底擊潰，一敗塗地，項羽只帶了少數隨從突圍出去，最終自刎烏江。至此，韓信終於為劉邦平定了天下。

「蕭何月下追韓信」青花梅瓶

高 44.1 公分，口徑為 5.5 公分，通體繪青花紋飾。肩部為「雜寶」紋及纏枝牡丹紋，腹部繪漢代典故「蕭何月下追韓信」的人物故事及梅、竹、松等紋樣，下部有寶蓮紋。其藝術成就之高，在元朝青花瓷中幾可奪冠，為南京市「鎮館之寶」。

縱觀「楚漢之爭」，韓信是真正的決定性人物。漢軍打下的勝仗大多是韓信指揮的，而劉邦率軍則屢戰屢敗，關鍵時刻還要靠韓信扭轉乾坤。西楚霸王項羽深懼韓信的才能，多次以封王的待遇拉攏韓信。但韓信因感戴劉邦的知遇之恩，始終不從。劉邦不僅相繼加封他為齊王、楚王，還對屬下坦誠地說：「率領百萬之師，戰必勝，攻必取，我不如韓信。」

然而，自古人臣最忌諱「功高蓋主」。漢高祖劉邦出身布衣，生性多疑，為人陰狠，君臨天下後對自己身邊的能臣良將更是心存忌憚，必欲除之而後快。而建有「不賞之功」的韓信一直都是劉邦的心頭大患。早在楚漢交兵的時候，劉邦就曾兩次收回韓信的兵權。韓信身邊的人曾多次提醒他要小心，甚至勸他造反起事。然而韓信天真地認為自己功高蓋世，又沒有過錯，因而並沒有防範。

同為「漢初三傑」，張良懂得避世保身，蕭何選擇自毀名譽，而韓信獨自執著，最終自然難逃厄運。

居功自矜取滅亡

如果說「功高蓋主」是韓信無法逃脫死亡命運的大前提，那麼「居功自矜」則是他被殺的直接原因。

韓信出身寒微卻志向不凡，自視很高。在四處乞討度日的時候，韓信的母親去世了，窮得都沒錢辦喪事的韓信，卻找了一塊又高又寬敞的墳地，要讓墳地周圍可安頓一萬戶人家。後來，他先後投靠項羽和劉邦的軍隊，都因為嫌官職太小、自己的建議不被採納等原因，決定甩手而去。當年逃離漢營後，若不是慧眼識才的蕭何連夜將他追回，孤傲的韓信恐怕會一生無名。

其後，韓信被劉邦委以重任，執掌兵權，終於有了施展才能的舞臺。然而，在功蓋當世的盛名下，韓信卻越發驕縱，自負功高，甚至擁兵與劉邦討價還價。漢高祖四年（前二〇三年），劉邦被項羽的軍隊圍困在滎陽，派人徵調在齊國的韓信派兵救援。誰知韓信竟擁兵自重，要求劉邦封他為假（代理之意）齊王。這種行為讓劉邦極為憤怒，氣得破口大罵。在一旁的張良和陳平連忙附耳說道：「現在戰況不利，不如答應韓信，免得發生變亂。」劉邦這才把火壓下來，對韓信的使者大笑道：「大丈夫平定諸侯，要做就做真的齊王，何來代理一說！」然後爽快地封韓信為齊王，但心裡卻對韓信越來越厭惡。

一年後，劉邦命令齊王韓信協助自己圍攻項羽，韓信的兵馬卻遲遲不到。劉邦無奈，只得劃了大片的土地給韓信作封地，並將作戰的指揮權交給韓信，韓信這才領兵參戰。韓信的放肆已讓劉邦忍無可忍。於是，在剛剛消滅了最大的敵人項羽後，劉邦馬上派人奪了韓信的帥印，不久又撤了他的齊王封號，改封為楚王，將其調離根據地。漢高祖六年（前二〇一年），劉邦以謀反罪將韓信逮捕，押至洛陽，最後雖然赦免了他，但削去了韓信楚王的封號，降為淮陰侯，令其留居長安。

被降職的韓信心中非常苦悶，時常怨憤自己居然和以前的屬下周勃、灌嬰同列侯爵。一次，韓信去拜訪以前的屬下樊噲，樊噲行跪拜禮恭迎恭送。韓信出門後，無奈地笑道：「我這輩子居然同樊噲等人同列！」

自恃功高，卻又處境不公，心理的極度不平衡讓韓信犯下了致命的錯誤。韓信曾與部將陳豨交好，後來陳豨被封為鉅鹿郡郡守，前來向韓信辭行。臨別之際，韓信心中湧起無限的悲涼和不甘，他握著陳豨的手說：「我跟你說句心裡話，你所管轄的地方聚集了天下的精兵，如果有人屢次誣告你謀反，陛下一定會興師討伐你。到那時，我為你在京城做內應，天下可圖。」陳豨知道韓信的能力，便說：「一切全聽將軍的！」

漢高祖十一年（前一九六年）九月，陳豨果真謀反，自立為代王，劫掠趙、代屬地，劉邦親自率兵前去征討陳豨。就在此時，有人密告，說韓信與叛軍陳豨合謀造反。呂后采納了丞相蕭何的計策，詐稱劉邦已誅陳豨，令韓信入宮祝賀。韓信一入宮，就被抓了起來，並被斬殺於長樂宮鐘室。隨後，其三族都被誅殺。

呂后殺一儆百

後人更願意將韓信的死歸罪於劉邦的無情，畢竟韓信為漢室立下了太大的功勞。然而這是個誤解，真正想置韓信於死地的並非劉邦，而是躲在幕後的呂后。事實上，劉邦雖然奪了韓信的兵權，降了他的職，但並沒有決意要殺他，多少還念及舊日的情義。韓信被降職後，劉邦還經常找他閒談解悶。一次劉邦問韓信：「你看我能帶多少兵？」韓信回答：「最多十萬。」劉邦又問：「那你能帶多少呢？」韓信笑笑說：「多多益善。」劉邦也笑了，問道：「那你為什麼反而被我收服了呢？」韓信回答：「您不善帶兵，卻善於統將，這就是我被您收服的原因。」

韓信被殺時，劉邦在外平叛，回宮後得知韓信已死，「且喜且憐之」，喜在少了一個潛在的勁敵；憐多半是想到韓信昔日的功勳，心有愧疚。其實，

陝西漢中韓信拜將壇內的韓信雕像

真正決意要殺韓信的人是呂后，是她叫來蕭何商議除掉韓信的計策，並下令斬殺了韓信。

呂后動手誅殺功臣的事例還有很多。同韓信一樣，彭越也是漢朝開國功臣之一，被封為梁王。陳豨謀反後，劉邦命彭越助剿，但彭越稱病不往。後來劉邦以謀反罪將其逮捕，但念及彭越功高，只將他貶為平民，發配蜀地。彭越在發配的路上遇到呂后，呂后當面許諾為其講情，並把彭越帶回了洛陽。一到洛陽，她就向劉邦建議殺掉彭越，以除後患。結果，倒楣的彭越也身死族滅。

呂后為什麼要誅殺開國的功臣呢？首先是殺一儆百，震懾群臣，殺掉韓信、彭越這樣的大人物，讓臣子們敬畏皇后的權力；其次，是為了鞏固自己的地位和實力，為日後專政埋下伏筆。

李廣難封

一代名將的悲劇人生

在浩瀚的歷史畫卷中，英雄是濃墨重彩的筆跡。而在這濃墨重彩之中，總有幾筆深深的憂鬱，勾勒出那些悲情英雄的身影。太史公司馬遷為後世刻畫了一位戎馬一生卻未得封侯的李廣將軍，令多少人扼腕嘆息卻又困惑不已——李廣為何難封？真實的李廣與《史記》中記載的形象完全相符嗎？

英勇善射「飛將軍」

「秦時明月漢時關，萬里長征人未還。但使龍城飛將在，不教胡馬度陰山。」王昌齡《出塞》詩中的「飛將」指的就是漢代名將李廣。

李廣生於隴西成紀（今甘肅省靜寧縣），其先祖是曾經率軍大勝燕國太子丹的秦朝將軍李信。由於祖傳一套好弓法，李廣自幼苦練射箭，成為百發百中的高手。相傳他的坐騎是「千里雪」，兵器為「梨花槍」，打起仗來英勇無比，從不畏懼。

漢文帝十四年（前一六六年），李廣參軍，抗擊犯邊的匈奴。憑藉一手好箭法，他射殺了眾多敵人，被升為中郎，成為皇帝的騎士侍衛。漢景帝年間，李廣被擢升為隴西都尉，至漢武帝時期，歷任騎郎將、驍騎都尉、未央宮衛尉、郡太守等職。李廣在隴西、北地、雁門、代郡、雲中等地都做過郡太守，常常與匈奴打硬仗。

據《史記・李將軍列傳》記載，李廣的射藝已經達到了出神入化的境界。他射殺敵人一定要在數十步之內發箭，為的是保證每發必中，所以常常箭一離弦，敵人就倒地而亡。

他還特別善於射殺猛獸。李廣在擄守右北平時，曾經因一時不慎被猛虎撲傷，然而他竟翻身而起，帶傷射殺了這隻猛虎。還有一天夜裡，李廣出獵，遠遠看到林中似有一隻老虎出沒，便彎弓搭箭，朝那老虎頭上射去。天亮後才發現，他射中的只是草叢裡的一塊臥石，但令將士們驚奇的是，李廣射出的箭不僅準確地射中了石頭，而且力量極大，箭頭已深深地射進了石稜中。這個故事就是唐代詩人盧綸《塞下曲》中「林暗草驚風，將軍夜引弓。平明尋白羽，沒在石稜中」的由來。

漢武帝元光元年（前一三四年），李廣出兵雁門關，不幸被大批匈奴軍隊包圍，雖然奮勇拚殺，但終因寡不敵眾而被俘。匈奴人素來仰慕李廣的威名，沒有殺他，而是將他生擒回去。

當時，李廣身負重傷，被捆在網袋裡，夾在兩馬之間。他觀察到旁邊有個匈奴少年手執弓箭，騎著一匹好馬，便急中生智，趁匈奴士兵不備，突然飛身跳上那匹馬，搶過匈奴少年的弓箭，邊騎邊射，終於突出重圍。數百名匈奴士兵緊緊追趕，最後還是讓李廣逃脫了。從此，李廣在匈奴軍中贏得了「飛將軍」的稱號。

李廣一生與匈奴有過大小七十餘戰，其英勇善戰令匈奴聞之喪膽。

身先士卒，愛兵如子

數十年來，李廣征戰戍邊，與士兵同甘共苦，同進同退。在危急關頭，他敢於挺身而出，以超凡的勇氣穩定軍心；在困難

雁門關

又稱西陘關，位於山西省代縣西北的雁門山中，是漢代的著名關口。「飛將軍」李廣曾從這裡出兵進攻匈奴。

時候，他總是記掛著士兵的冷暖饑飽。因此，士兵們都願意追隨他，邊境百姓也很擁戴他。

漢武帝元狩二年（前一二一年），李廣與博望侯張騫共同率兵出征匈奴。行進途中，李廣率部突然被匈奴的四萬騎兵包圍，士兵們都很慌亂。這時，李廣派自己的兒子李敢帶領幾十名騎兵前去打探敵情。李敢回來後對軍中士兵說：「匈奴兵很好對付。」從而穩定了軍心。後來，匈奴向李廣部隊發起了猛攻，李廣所率士兵死傷過半，箭也快用光了。士兵們都嚇得大驚失色，只有李廣神色自如，他下令所有士兵把弓拉開，震懾敵人，自己則手執弓箭連續射殺了許多匈奴兵將。李廣的威猛嚇退了不少匈奴兵，部下將士自此也更加敬佩他。

李廣做將軍時，每逢有賞賜，大多分給部下，因而他雖為官四十多年，卻沒有積攢下多少家產。行軍打仗的過程中，如果士兵們不能都喝上水，李廣便同忍乾渴；如果士兵們不能都吃上飯，李廣便不嘗飯食。因為愛兵如子，李廣在軍中享有很高的威望。

直到死前不久，李廣率軍最後一次出征匈奴，但部隊在行軍過程中迷失了方向，後來才跟大將軍衛青所率部隊會合。衛青問及李廣部隊迷路的情況時，李廣不願回答。衛青便派人傳喚李廣的部下前來回話，這時，李廣站出來說：「這些校尉是沒有罪的，是我自己迷路了。我自會具表實情。」

由此可見，他是敢於為自己的部下承擔責任的將領。

未得封侯的悲劇

《史記．李將軍列傳》記載，李廣一生不得爵邑，官不過九卿，這就是初唐詩人王勃在《滕王閣序》中說「馮唐易老，李廣難封」的由來。李廣也因此成了時運不濟、懷才不遇的悲劇人物代表。

一生未得封侯是什麼概念呢？為什麼未得封侯就是人生不如意呢？我們可以將李廣與其身邊的人相比較。李廣的堂弟李蔡與其同朝為官，人品、才能都不及李廣，名聲更與李廣相去甚遠，然而卻被封為樂安侯，官至丞相。連李廣的兒子李敢都因跟隨霍去病出征匈奴「奪左賢王旗，斬首多」而封為關內侯，甚至李廣的不少部下也憑藉軍功封侯。而李廣征戰一生，勇猛無雙，還是歷經文帝、景帝、武帝三朝的元老，卻一直沒有封侯。

據記載，李廣一生有幾次封侯的機會，但都因各種原因錯過了。

李廣任驍騎都尉時，曾跟隨太尉周亞夫出兵討伐吳楚七國之亂的叛軍。在那場戰役中，李廣奪取了叛軍的帥旗，名聲大震。回朝後，本應論功封賞，但由於李廣私自收受梁王劉武授予他的將軍印，而被景帝取消了封賞。

漢武帝建元四年（前一三七年），李廣出兵雁門關，中匈奴埋伏而被俘。其後他雖奮力逃脫，搜集殘部返回京師，但因部隊傷亡太大，自己又被活捉，按律當判斬首，後來漢武帝開恩將其貶為平民。

漢武帝元朔六年（前一二三年），李廣再次被任命為後將軍，出兵抗擊匈奴。當時，很多統兵將領都立下了戰功而被封侯，李廣卻再次無功而返。

漢武帝元狩二年（前一二一年），李廣與張騫一同出兵攻打匈奴，李廣的部隊被匈奴兵圍困，與匈奴兵激戰之後，死傷慘重。這時張騫的救兵才趕到，協助他擊退了匈奴部隊。此次出擊，李廣所率軍隊幾乎全軍覆沒，張騫責任最大，獲罪貶為平民；李廣被判功過相抵，也沒有得到封賞。

漢武帝元狩六年（前一一七年），李廣在多次請命出征之後，終於被漢武帝任命為前將軍，隨大將軍衛青出擊匈奴。

但此時的李廣已年過六十歲，漢武帝認為他「數奇」（命運多舛），特意囑咐衛青不要讓李廣與匈奴單于正面對陣。行軍過程中，衛青發現了單于的駐地，便決定親自率領精銳部隊前去偷襲。同時，衛青命好友公孫敖與他一起對陣單于，而派李廣從東路出擊。李廣向衛青請命與匈奴單于正面作戰，說出「臣願居前，先死單于」的豪言壯語。然而，衛青沒有同意。李廣一氣之下，拔營而走。東路道路崎嶇，水草又少，李廣的部隊因為缺乏嚮導而迷失了方向，沒有按照約定的時間與大軍會合。

後來，衛青詢問李廣部隊迷路的情況，李廣自知難辭其咎，回朝必會受到責罰，一生未得封侯的悲情突然湧上心頭，李廣心情沉重地回到自己的軍中，對他的部下說：「李廣一生與匈奴打了七十餘場仗，如今有幸跟從大將軍出兵對抗匈奴單于。然而大將軍將我的部隊派往遠道，途中又迷失了道路，這豈不是天意！況且我今年六十多了，終究不能再面對那些執法官、審判官了。」

話音剛落，一代「飛將軍」就拔刀自刎了。見如此悲壯的場景，李廣的部下士兵無不痛哭流涕。老百姓聞此噩耗，無論男女老少，也都為之感嘆不已。

不善用兵的將領

李廣為何難封？有人說是生不逢時，有人說是時運不濟，有人說是性情所致，也有人說是不善用兵。

事實上，在重視軍功的漢朝，李廣終生未能封侯最重要的原因是戰功不夠。在司馬遷的筆下，李廣英勇善戰，才華橫溢，令敵人畏懼，令軍民愛戴，是個舉世無雙的大英雄。然而，李廣究竟立了多少戰功，是不是個出色的將領呢？司馬遷對此的紀錄卻是文筆多於史筆，大多用

「殺首虜多」、「軍功自如」等語言模糊表述。這並不是司馬遷的疏忽，而是因為李廣實在沒有多少像樣的軍功可以載入史冊。

李廣一生與匈奴作戰七十餘次，但都是小規模戰役，而且敗多勝少，至多功過相抵。漢武帝時，論賞封侯的標準是斬獲敵首上千，李廣未能達到這一標準；而與他同時期的衛青和霍去病，同樣出征匈奴，卻多次斬獲敵首數千甚至上萬。他們同樣帶兵經過雁門關，卻沒有像李廣一樣中敵人埋伏損兵折將，而是領兵有方，取得優勢。據統計，衛青一生七次出征匈奴，一共斬獲首虜五萬多級；霍去病四次出征匈奴，斬獲首虜超過十一萬級。不論從數量還是品質上來看，李廣的戰績都不能與衛青和霍去病相提並論。

做為漢代最著名的將領之一，李廣為何在疆場上頻頻失利，成為一個不稱職的將領呢？這與他的行事方式有關。李廣武藝、射藝超群，英勇過人，卻容易衝動，愛逞匹夫之勇，加之少謀略，所以一對多的格鬥能占上風，帶兵作戰卻沒有章法。

漢景帝時的典屬國[12]公孫昆邪曾稱讚李廣「才氣天下無雙」，然而緊接著的評價卻是「自負其能，數與虜敵戰，恐亡之」。這從側面說明，李廣經常一個人衝上去與敵軍拚殺。這樣的作戰方式對於普通士兵而言固然可取，但成為將軍後，倘若還置大軍於不顧，自己奮勇殺敵，便難免落敗。

根據《史記·李將軍列傳》記載，李廣在多次戰役中憑藉自身的好武藝和好箭法擊退了敵人，但幾乎看不到他統領軍隊集體作戰的描述。最能證明這一點的莫過於李廣受傷被俘之後衝出敵圍，然後搜集餘部回京。然而他為何會與部隊失散，獨自被俘？不難推斷，他又是單刀赴敵，忘記自己是一軍統帥了。

此外，李廣帶兵習慣率性而為，對軍隊缺乏紀律約束，對作戰策略缺乏統一部署。據記載，李廣的部隊沒有嚴格的編制、佇列和陣勢。士兵晚上不打更，也不巡邏自衛，只在遠處布置偵察兵。這樣鬆散的管理不利於嚴肅軍紀，提升整體作戰能力，而且往往在突如其來的危機面前缺乏應對能力。

心胸決定命運

有一次，李廣與懂得卜算的王朔聊天，說：「自漢朝抗擊匈奴以來，我未嘗不在其中，然而很多才能不及我的人都已按功封侯，唯獨我沒有封侯，是命中註定嗎？」

---

12 典屬國：負責屬國事務的官員。

王朔不答，反問道：「你可曾做過什麼悔恨的事情？」

李廣想了想，說：「我做隴西太守時，羌族人造反，我誘降他們後，又殺死了他們。」

王朔說：「這就是你不得封侯的原因了。」

殺死俘虜當然沒有直接導致李廣不得封侯，卻反映出李廣的胸襟氣度不足，這成為阻止他成功的重要因素。

還有一件小事也反映出李廣心胸狹窄。

李廣被貶為平民的兩年間，一天夜裡，他與隨從騎馬外出，回來時路過霸陵亭。霸陵亭尉上前呵斥，不讓李廣通行。李廣的隨從便說：「這是前任將軍李廣。」霸陵亭尉則說：「就是現任將軍也不能在夜間通過！」之後扣留了李廣。

後來，李廣被起用，便找機會把這個亭尉殺了。這個故事與《史記．淮陰侯列傳》中記載的一個故事很像。韓信年輕時曾受人胯下之辱。後來，韓信做了大將，便將當年侮辱他的小民招到軍中，做了一個不小的官。同樣是受人侮辱，韓信能不計前嫌，李廣卻睚眥必報，可見其心胸狹窄。

李廣自殺後，後人常歸罪於衛青，認為是衛青重用好友，排擠李廣。李廣的小兒子李敢記恨在心，鬧事刺傷了衛青，然而衛青卻對此事緘口不提。事實上，衛青當時只是奉漢武帝的命令行事，沒有徇私。面對李敢的冤枉和過激行為，衛青完全可以憑藉權勢處置李敢，但他反而息事寧人，可見胸襟和氣度遠在李廣之上。

忠正之臣還是野心家

冷眼看霍光

漢朝未央宮中有一座「麒麟閣」，閣內供奉著十一位為漢朝立有大功的臣子，其中名列第一的就是大司馬、大將軍霍光。霍光獨掌朝權二十餘年，權傾朝野，是西漢歷史上極為重要的人物。他被人比作「周公」再世，有匡扶漢室之功，但他也被指責野心膨脹，死後三年全家即遭滅族。

麒麟閣第一功臣

霍光，字子孟，河東平陽（今山西省臨汾市西南）人，是驃騎將軍霍去病同父異母的弟弟。霍光的父親霍仲孺早年是平陽縣的一名縣吏，因事出入平陽侯家，與一個名叫衛少兒的侍女（即衛子夫的姊姊）私通，生下了霍去病。

不久，霍仲孺結束差役回到了家鄉，娶妻成家，生下了霍光，從此與衛少兒母子斷絕了往來。後來衛子夫入宮，深得武帝寵幸，衛氏滿門富貴。霍去病也因身為皇后衛子夫的外甥而得武帝重用，在抗擊匈奴的戰爭中屢立奇功，被封為大司馬、驃騎將軍。霍去病功成名就後，不但到平陽縣認了父親，還將年僅十歲的弟弟霍光帶到了京城。

霍光儀表堂堂，身形挺拔俊逸，皮膚白皙，眉清目秀，成年後蓄一把美髯。霍去病英年早逝後，霍光先後做了奉車都尉[13]和光祿大夫[14]，護衛皇帝的安全。因為他性格老成持重，行事謹慎小心，二十餘年未曾有過失，深受漢武帝的賞識和信任。

征和二年（前九一年），太子劉據遭陷害而含冤自盡。後元二年（前八七年）漢武帝病危，下詔立幼子劉弗陵為皇太子，以霍光為大司馬、大將軍，與車騎將軍金日磾（日磾念作「密低」）、左將軍上官桀、御史大夫桑弘羊等人共同輔佐朝政。

次日，武帝病逝，年僅八歲的太子劉弗陵即位，即昭帝。由於皇帝年幼，朝中諸事都由霍光統一打理。然而宮廷的權力鬥爭暗潮洶湧，漢昭帝的哥哥燕王劉旦覬覦皇位，而朝中其他輔

13 奉車都尉：負責掌管皇帝車駕。
14 光祿大夫：掌議論之官。

政大臣也對霍光專斷政事的局面深為不滿。於是，幾股反對勢力聯合到一起，向小皇帝和霍光發起了挑戰。

他們首先向漢昭帝誣告霍光謀反，意圖除掉霍光，然後由燕王劉旦帶兵進京，把持朝政。但聰慧的小皇帝馬上識破了他們的陰謀，對誣告的書信不予理睬。反對派見一計不成，乾脆密謀武裝政變，由蓋長公主宴請霍光，企圖藉機將其殺死。不料陰謀敗露，皇帝與霍光掌握了劉旦、上官桀等人的罪證，先發制人，一舉鏟平了陰謀顛覆皇權的勢力。霍光也因此成為維護漢室的大功臣。

漢昭帝在位十三年，在霍光的輔佐下，廣施仁政，輕徭薄賦，廢除了積弊已深的鹽鐵官營、均輸[15]等政策，創造了「百姓充實，四夷賓服」的大好局面。這其中霍光功不可沒。

漢昭帝死後無嗣，朝臣們決定迎立漢武帝的孫子、昌邑王劉賀繼承皇位。誰知劉賀竟是一個品行惡劣的紈絝子弟。得知自己成為皇位繼承人之後，他喜不自勝，一路快馬加鞭趕往京城，沿途不斷劫掠女子和財物。眼看漢室基業將毀於荒淫之主，霍光召集群臣商議，決定廢黜劉賀，另立新主。最終在霍光的主持下，剛剛坐上皇帝寶座沒幾天的劉賀被廢，僅二十七日就被遣送回封邑。朝廷又迎立流落民間的漢武帝曾孫、戾太子劉據的孫子劉病已（後改名劉詢）為帝，是為漢宣帝。此後，霍光傾力輔佐年輕的漢宣帝。

霍光一生忠於漢室，輔佐漢昭帝，廢劉賀，立漢宣帝，屢次戳破宮廷陰謀，數度使漢室轉危為安，因此後人將其比作輔佐成王的「周公」和漢代開國功臣蕭何。

「霍」家專權終「禍」家

霍光從政的經歷無疑是非常輝煌的，正史中對他忠誠的讚美不乏文辭。但凡事要看兩面，霍光幾十年獨掌朝政，大權獨攬，也有一些為時人所詬病的行為和做派，這自然也逃不過史學家的春秋之筆。

首先，霍光是一個工於心計、權力欲望很強的人。他凡事都非常謹慎，細微盤算，甚至每次進入皇宮站立的位置，都刻意保持不差分毫，足見其用心之精。霍光掌握朝政大權後，多次拒絕了朝中王公大臣為子弟求官的要求，其中就包括同為輔政大臣的桑弘羊等人，也因此與很多人結了仇。

從表面看來，霍光這是秉公執法，不徇私情，但同時，霍光對自己家族的成員加官晉爵卻

15均輸：將地方貢獻京師的貨物運往售價高的地方賣，所得歸公。

是「毫不吝惜」。霍光的兒子霍禹和霍光兄長的孫子霍雲都被封為中郎將；霍雲的弟弟霍山被封為奉車都尉、侍中，領胡越兵；霍光的兩位女婿鄧廣漢和范明友被封為東西宮的衛尉；其他的親戚如昆弟、外孫等也都被封為大夫、騎都尉、給事中等職。用《漢書‧霍光傳》中的一句話形容，就是「黨親連體，根據於朝廷」，即霍家的勢力盤根錯節，占據了朝廷要職。值得注意的是，霍光給予親屬的官職大都是掌管兵權的要職，由此可見其用意。

其次，霍光治家不嚴，放縱家人為非作歹。霍禹、霍山大肆治辦宅第，騎馬在皇家宮苑中肆意玩樂追逐；霍雲時常稱病不肯上朝，自己帶著賓客外出圍獵消遣；霍光的繼室霍顯和幾個女兒更是視嚴格的皇宮進出制度為無物，不論白天夜晚，隨意出入皇宮禁地，如同進出自家「菜地」一般。主子驕橫，奴才便更加飛揚跋扈；霍家家奴馮子都在霍光生前很受寵信，霍光一死，他竟與霍光的遺孀霍顯私通淫亂。更有甚者，一次，霍家與御史中丞家的家奴爭鬥，馮子都竟然闖入御史中丞的府邸，揚言「踢館」，最後逼得堂堂御史中丞給他們磕頭謝罪才甘休。當時流傳甚廣的一首著名樂府詩《羽林郎》中便有如下詩句：「昔有霍家奴，姓馮名子都。依倚將軍勢，調笑酒家胡。」霍家的囂張可見一斑。

霍家的權勢還體現在霍光喪葬的排場上。霍光死後，他的家人極盡鋪張之能事，將他的墓地修得如皇家陵寢一般，奢華異常。霍光以及霍家勢力的存在讓皇帝時常感到「如芒在背」，而專權的霍氏一族也一步步臨近了覆亡的深淵。

身後族滅事可哀

將不可一世的霍家引向毀滅的，是霍家長期以來的專權和驕橫，而從具體的事件來看，霍家可謂是作惡多端，自取滅亡。

漢宣帝繼位之初，霍光的繼室霍顯想讓自己的小女兒霍成君進宮做皇后，但漢宣帝不忘舊情，將流落民間時陪伴自己的妻子許平君立為了皇后。霍顯並沒有就此甘休，竟斗膽唆使女侍醫淳于衍毒殺了許皇后，然後送女入宮，立為皇后。許皇后離奇死亡，朝中立刻展開嚴查，淳于衍也因此下獄。霍顯擔心淳于衍洩密，只得將實情告訴了霍光。霍光聽後大驚失色，本想自己坦白，但在如此重大的事情面前他猶豫了，最終隱瞞了實情。

霍光死後，漢宣帝獲悉了許皇后被毒殺的真相，不禁悲憤交加。但漢宣帝並沒有立即發作，他深知霍家的權勢之大，於是開始逐步剝奪霍家的實權。

漢宣帝接連將霍家的子弟、親戚調往邊境駐守，並裁撤他們的一部分兵權。這一舉動引起了霍家的警覺，他們深知自家的惡行已積重難返，於是決定鋌而走險，妄圖通過政變廢掉漢宣帝以自立。但此時的漢宣帝已經羽翼豐滿。漢地節四年（前六六年），漢宣帝將意圖謀反的霍家及其黨羽一網打盡，霍光的兒子霍禹被腰斬，繼室霍顯和其他子女、親屬都被斬首棄市，連帶被誅滅的有數千家之多。至此，霍光後人被盡數滅門。

正史對霍光的評價是，他匡扶漢室，是中興名臣，雖「周公、阿衡，何以加此」；然而，他「湛溺淫溢之欲，以增顛覆之禍」，因此死去才三年，宗族就遭到誅滅。

水中撈月
李白的藝術化死亡

詩仙李白為後世留下了太多浪漫的詩句，天馬行空的意境中，他的一生也雋永而飄逸。就連李白之死，也堪稱古今最為詩意的人生結局。水中撈月——生來縱情詩與酒的天才，終於還是歸於水和月。然而，這果真是他最後的歸宿嗎？

一代詩仙的死亡之謎

「採石月下聞謫仙，夜披宮錦坐釣船。醉中愛月江底懸，以手弄月身翻然。」皓月當空，江水如銀，泛舟而行，酒醉的詩人為美景所醉，伸手去碰觸水中的月影，卻飄飄然落入水中，與明月、清輝融為一體。似乎只有這樣的消逝，才配得上「繡口一吐，就是半個盛唐」的一代詩仙李白。

千百年來，人們以這樣的方式詮釋李白之死。然而，藝術化的想像固然美好，卻不能代替歷史的真相。縱然被尊為「詩仙」，李白仍是常人，「水中撈月」的傳說一直讓後人難以信服，李白之死也成為後人追問的千古之謎。

唐代是一個盛產詩人的朝代，也是一個詩人離奇死亡事件最多的朝代。王昌齡被人謀害，王勃受驚墜海，盧照鄰投水自盡，駱賓王則是生死不明。李白之死也未能逃開這個「怪圈」，歷來說法不一，爭論激烈。

李白詩意圖

此圖取李白的詩作「故人西辭黃鶴樓，煙花三月下揚州，孤帆遠影碧空盡，唯見長江天際流」的意境。

關於李白的死亡真相，主要有三種說法：一是飲酒過度而死，二是身患重病而死，三是撈月溺水而死。

第一種說法記載於《舊唐書》：「以飲酒過度，醉死於宣城。」唐代詩人皮日休在《七愛詩》

中也寫道：「竟遭腐脅疾，醉魄歸八極。」現代作家郭沫若更是以此為據，從醫學的角度出發，考證出「腐脅疾」是「膿胸症慢性化，向胸壁穿孔」。這是關於李白之死最有說服力的正史記載，後來的學者大多採納這一說法。

第二種說法也有歷史考證。李白的族叔、當塗縣令李陽冰撰寫的《草堂集序》中說「公又疾亟」；唐代詩人范傳正說他「盤桓利居，竟卒於此」；與李白有過交往的劉全白也說「偶遊至此，遂以疾終」。至於李白患的是什麼病，這種說法就沒有詳細解釋了，只是說李白六十一歲時請纓殺敵，因病半途而歸，第二年病死。由此可見，第二種說法與第一種說法較為類似，很可能也是指李白飲酒過度而患重病致死。

第三種說法則見於文學筆記和歌詠傳說，聽起來更像天方夜譚，但符合李白一生的性格和作風。也許正因如此，這種說法的傳播最廣，影響最大。五代人王定保在《唐摭言》中說：「李白著宮錦袍，游採石江中，傲然自得，旁若無人，因醉入水中捉月而死。」南宋洪邁在《容齋隨筆》中說：「李白在當塗採石因醉泛舟於江，見月影俯而取之，遂溺死。」根據「水中撈月」的傳說，後世文人畫家創作了不少相關題材的作品，「捉月亭」、「醉月亭」等建築也相繼出現。更加離奇的是，有人把「撈月」和「騎鯨」連繫起來，說李白是「直駕長鯨歸紫清（神仙居所）」，活脫脫把李白描述成一個「謫仙人」。

「謫仙人」的坎坷仕途

一代詩仙的三種死法，無論哪一種，都與醉酒有關。而李白的嗜酒成性，又與他一生坎坷的仕途緊密相連。

遍覽群書、周遊山川的李白，並非從一開始就篤定做一個狂放不羈的詩人。他在青年時代懷有建功立業的遠大抱負，渴望在仕途上有所發展。當時，唐朝推崇道教思想，招攬了一批隱居深山的「隱士」。這些「隱士」之中，有很多是假扮清心寡欲，等待朝廷召用的，李白也走了這條「終南捷徑」[16]。天寶元年（七四二年），由於玉真公主的舉薦，李白被唐玄宗召入長安，供奉翰林。獲得政治出路的李白激動不已，留下了「仰天大笑出門去，我輩豈是蓬蒿人」的豪言壯語。然而他並未料到，等待他的卻是凶險的政局和一生的失意。

天寶年間的玄宗朝已不是高度繁榮的開元盛世，唐玄宗沉迷於歌舞昇平，長期不理朝政。李白入京後，成了唐玄宗的御用文人，除了寫寫歌功頌德的詩文，就是填填風花雪月的豔詞，其中就有為楊貴妃所寫的「雲想衣裳花想容」。

李白日漸認識到自己離最初的政治理想越來越遠，開始縱酒買醉，也逐漸顯露出狂放的詩人性格。一個著名的例子就是李白自恃才高，讓楊貴妃為他磨墨、高力士為他脫靴。關於其中因由，有不同版本的傳說：或說唐玄宗愛李白詩才，李白便恃才放曠，要求楊貴妃為他磨墨，高力士為他脫靴，他才肯寫詩。然而根據李白當時的真實地位，這種可能性很小；也有傳說，唐玄宗與李白對飲，兩人都喝醉了，李白便借著酒興要高力士為他脫去靴子寬鬆一下，唐玄宗隨口就下令了；還有說法是，一個小國呈送文書給唐玄宗，然而這個國家的語言文字除了李白再無一人通曉，這時李白便提出了上述要求，唐玄宗無奈只好答應。無論哪種情形，高力士為李白脫靴一事是確實有的，高力士也因此懷恨在心。

相傳高力士為報復李白，便想方設法地在楊貴妃面前進讒言。李白曾為楊貴妃寫過一首詩：「一枝紅豔露凝香，巫山雲雨枉斷腸。借問漢宮誰得似？可憐飛燕倚新妝。」

這是用「可憐飛燕倚新妝」來讚美楊貴妃的美貌，說楊貴妃堪比漢代美女趙飛燕。高力士卻故意歪曲李白的意思，對楊貴妃說：「趙飛燕出身卑微，得到漢成帝的寵愛後又得意忘形，恃寵而驕，最後還被廢自殺。她雖然貴為皇后，但名聲太差，李白用趙飛燕來比您，實在是卑賤至極啊！」楊貴妃聽後非常憤怒，從此更加阻撓李白的為官之路。

---

16 終南捷徑：比喻求官或追求名利的便捷途徑。

李白的行為作風不僅得罪了當權紅人，也逐漸遭到同僚的詆毀，他僅在宮中待了不到兩年便被「賜金放還」。

詩與酒的完美結合

離開長安後，李白越發沉迷於詩酒，整日揮灑詩情，大醉而歸。政治上遭遇挫敗之後，李白的詩風反而更加成熟，個性的張揚也臻於極致。在酒酣之際，李白創作出了一批流傳千古的詩篇。

「人生得意須盡歡，莫使金樽空對月。天生我才必有用，千金散盡還復來。」膾炙人口的《將進酒》是李白飲酒詩的代表作。詩中雖暗含了李白借酒消愁的痛苦，但仍不失豪邁、豁達的情懷，反而讓人越發感覺到李白奮發積極的人生態度。借助於酒，李白不僅獲得了作詩的靈感，還獲得了超脫於人生際遇的灑脫。後人統計，李白直接寫酒的詩便占據了他所作詩歌總數的四分之一，在酒醉時寫的詩更多，無怪乎留下了「鬥酒詩百篇」的美談。《月下獨酌》、《宣州謝樓餞別校書叔雲》、《客中行》等都是詩與酒的完美結合。「舉杯邀明月，對影成三人」、「抽刀斷水水更流，舉杯消愁愁更愁」、「蘭陵美酒鬱金香，玉碗盛來琥珀光」等都是家喻戶曉的千古名句。

然而，遊歷山川多年的經歷並沒有完全泯滅李白的政治理想。他仍然關心國事，對入朝為官抱有一線希望。安史之亂後，永王李璘邀請李白加入其幕僚，李白懷著消滅叛亂，為國家太平，為百姓安定獻力的天真幻想接受了邀請。不料永王不久後便觸怒了唐肅宗被殺，李白也因此入獄，幸得郭子儀力保免死，後來被流放夜郎（今貴州西部桐梓縣）。這次的重大挫折對李白之死造成了直接影響，他被赦時已經五十九歲，晚年在江南一帶流落，終於鬱鬱而終。

一生落魄，醉酒而死，這是李白的死亡真相。然而，或許是在情感上難以接受，因此，人們寧願相信在那個明月清輝的江上，「謫仙人」的靈魂乘風歸去……

皇帝女兒也愁嫁
唐代公主難嫁之謎

在人們的印象裡，迎娶公主應是天下青年才俊夢寐以求的幸事，不僅抱得美人歸，還能與皇帝攀為親家，可謂一朝富貴，幸甚之至。然而，在唐代，公主卻是不受歡迎的媳婦。被指為駙馬的青年及其家庭或勉為其難應允，或當場回絕，有的甚至痛哭流涕，如臨大敵……

談「公主」色變

唐大中四年（八五〇年），宣宗要為萬壽公主選駙馬，時任宰相的白敏中推薦了一位出身官宦之家的青年才子，名叫鄭顥。宣宗對鄭顥很滿意，不久就將萬壽公主下嫁給他。然而，鄭顥雖然勉為其難地迎娶了公主，卻因此對白敏中懷恨在心，而且婚後夫妻感情一直很冷淡。後來，白敏中調任地方官，前來向宣宗辭行，他誠惶誠恐地說：「臣曾經推薦鄭顥為駙馬，可是鄭顥並不情願，一直記恨著臣。如今，臣即將調離京城，擔心鄭顥在朝中詆毀，請皇上明鑒！」

宣宗聽後，無奈地說：「早知如此，何必當初！」

唐大中十一年（八五七年），宣宗又要為適婚年齡的公主選駙馬，命宰相劉瑑從當年中進士的青年俊傑中推薦合適人選。新科進士王徽因品行俱佳，被推薦給唐宣宗。然而，王徽聽到這一消息後大驚失色，慌忙跑到宰相劉瑑的面前懇求說：「我已經四十多歲了，體弱多病，實在配不上公主。懇請大人勸皇上千萬別選我作駙馬啊！」

而在此前，唐宣宗的父親唐憲宗也遇到過同樣的難題。有一次，唐憲宗為公主招駙馬，下令士族、士大夫家中的適婚青年前來應招。誰知士族子弟聞訊之後唯恐避之不及，紛紛稱病不去。

就連一代明君唐太宗的女兒也愁嫁過。唐太宗曾欲將公主嫁給開國元勛尉遲敬德，然而尉遲敬德卻「不識抬舉」，當場就拒絕了唐太宗。他還羅列了一堆大道理，使自己的推辭名正言順：「臣已有妻室，雖然她不能與雍容高貴的公主相比，但畢竟與臣共患難過，感情深厚。古人云：『富不易妻，仁也。』臣願遵守古訓，請陛下三思。」

由這些故事不難看出，唐代人，尤其是士族子弟大多不願迎娶公主，甚至談「公主」色變。據史料記載，唐憲宗以前，駙馬中沒有世家大族出身的子弟。事實上，不僅是出身好的士族子弟，連平民方士（有方術的人）也不願做駙馬。《明皇雜錄》記載，唐玄宗曾經想把自己的妹妹玉真公主嫁給方士張果（傳說為「八仙」中的張果老）。當使者找到張果說明來意後，張果大笑，當即推辭了。他還對自己的朋友王迥質、蕭華說：「俗話說：『娶婦得公主，無事生官府。』」在唐代，連社會地位不高的方士都不願娶公主，可見公主實在「愁嫁」。

不修婦德的唐代公主

公主「愁嫁」是一件令常人難以理解的事情，其背後究竟隱含了什麼緣由呢？據學者分析，時人皆不願娶公主，最主要的原因是唐代公主自身名聲不好，不修婦德。在社會風氣極度開放的唐代，公主的私生活也極其豐富。多數唐代公主都不止一個情人，有的公主婚前就在多處居所豢養了不少男寵，有的公主則在婚後還不守婦道，公然給駙馬難堪。唐代公主的濫情荒淫是當時朝野皆知的祕密，正史和野史中均有不少明確記載。

武則天的小女兒太平公主就是一個不安分的例子。她的第二次婚姻是嫁給武則天的外甥武攸暨。武攸暨生性懦弱，太平公主便肆無忌憚地與別人通姦。據《資治通鑑》記載，太平公主至少與三位當朝臣子私通。一位是惠苑和尚，他出身富豪之家，善於攀附權貴，與太平公主私通後，被推薦為聖善寺主，做了三品官；一位是崔湜，他面貌清秀，氣質儒雅，是上官婉兒推薦給太平公主的美男子。太平公主與崔湜私通後，也大力舉薦他做官，後來竟使其官至宰相；

還有一位是高戩，曾任司禮丞，深得太平公主寵愛。除此之外，太平公主還大肆豢養男寵，並把自己得意的男寵推薦給武則天和其他公主。

《簪花仕女圖》中的唐代貴婦像

唐中宗的寶貝女兒安樂公主在這方面與太平公主相比，可謂有過之而無不及。安樂公主容貌美豔，自幼深得唐中宗的寵愛，因此恃寵而驕，恣意妄為。安樂公主嫁給了梁王武三思之子武崇訓，卻又同時與武崇訓的堂弟武延秀私通。她甚至與武延秀公然在宮中、府中調情尋歡，所作所為令人咋舌。

唐高祖的女兒永嘉公主嫁給竇奉節後，曾與已有妻室的大臣楊豫之私通。唐太宗的女兒高陽公主婚後也不甘寂寞，竟與一位和尚私通。直到唐中期以後，公主的淫亂風氣才有所收斂。

唐代公主不修婦德固然是受到當時社會風氣的影響，在重視家法門風和社會聲望的封建社會，讓一個男性和一個家族接受不修婦德的女性，卻是很難的，即使這位女性貴為公主。

女權跋扈，舉家堪憂

在社會風氣開放的時代，女子的社會地位一般比較高，因此，唐代堪稱中國古代女權最盛的朝代。唐代皇帝往往對公主和皇子等同視之，甚至視公主比皇子還寶貝。這就導致唐代公主大多驕橫跋扈，而且熱心於政治陰謀和宮廷鬥爭，攪得駙馬家中雞犬不寧。

唐太宗最寵愛的女兒高陽公主是歷史上著名的悍婦。高陽公主十六歲時嫁給當朝宰相房玄齡的兒子房遺愛。然而，被寵壞了的高陽公主瞧不上這位駙馬，結婚當晚就未與他同房。後來，高陽公主在一次外出打獵的時候偶然結識了辯機和尚（高僧玄奘的弟子），遂與其私通。對於妻子與人私通之事，駙馬房遺愛知道後也無可奈何。高陽公主曾將自己珍貴的玉枕送給辯機和尚，沒想到，在辯機和尚外出譯經時，玉枕卻被一個竊賊偷走了。不久，竊賊被緝拿歸案，玉枕也作為贓物被呈上公堂。縣官一眼就認出這是宮中之物，慌忙將玉枕呈送上級，經過逐級傳遞，玉枕最終到達了唐太宗的案頭。獲悉公主的荒唐行徑，唐太宗又怒又慚，自覺顏面盡失，一氣之下將辯機和尚腰斬，並將高陽公主逐出皇宮。凶悍驕橫的高陽公主並沒有因此悔改，反而將仇恨都記在唐太宗頭上，發誓要為辯機和尚報仇。從此，她開始處心積慮地對抗唐太宗，並聯合其他公主、駙馬反對唐太宗所立的太子李治。太宗駕崩後，李治即位，為唐高宗。高陽公主立即擁戴自己的皇叔李元景稱帝，公然謀反。經過一番鬥爭，高陽公主事敗，被賜白綾自盡，可憐的駙馬房遺愛也受牽連，最終被處以腰斬之刑。

武則天的女兒太平公主、唐中宗的女兒安樂公主均是宮廷政治的狂熱分子。太平公主效仿武則天，欲做女皇，發動政變與唐玄宗爭位，最終落得兵敗自刎的下場。安樂公主慫恿唐中宗立自己為皇太女未果，心急之下竟與母親韋后合謀毒殺了唐中宗，不久也在兵變中被殺。所幸的是，這兩位公主的駙馬死得早，至少不必因牽涉到謀反案中而冤死。

然而，這些血與淚的案例足以嚇跑唐代的士族子弟，讓他們對公主望而生畏。唐德宗的女兒義陽公主也是性情乖戾，飛揚跋扈，她嫁給武官王士平之後，經常無理取鬧，任性妄為。婚後夫妻倆大吵小吵不斷，有時甚至大打出手，幾乎沒過一天安生日子。有一次，義陽公主與王士平竟然鬧到了宮中，唐憲宗聽說後大發雷霆，將義陽公主關在宮中，同時下令將駙馬王士平囚禁在家中，不准邁出大門一步。

在男權觀念鮮明的傳統社會裡，女性強勢本身就是令人不快的事情，何況是在家中恣意妄為，攪得家宅不安，更甚還熱心政治，不知哪天會招來殺身之禍。因此，忌憚女權成為時人不願娶唐代公主的又一重要原因。

三彩梳妝女坐俑

女俑頭髮上梳，旋雙層扁高髻，淺淡蛾眉下一雙鳳眼，嘴角微帶笑意，端坐在束腰形的繡墩上。她身穿褐色袒胸窄襦衫，外罩白色錦褂；綠色長裙高束胸際，裙裾舒展，長垂曳地；腳穿雲頭鞋。從儀態和服飾來看，應是一名唐代宮廷的貴婦形象。

駙馬成為附庸的悲劇

唐代公主愁嫁的第三個原因是駙馬的地位較低，幾乎淪為公主的附庸。駙馬就是俗話說的「倒插門女婿」，在尊貴的皇族中本身就受人輕視，因而駙馬地位低是歷朝歷代共有的現象。然而，由於唐代公主格外受寵，駙馬就越發淪為附庸，婚後常常處於壓抑、愁苦的生活狀態。

在唐代，公主婚後設有公主府，府內有下屬官吏、奴僕等。皇帝往往為公主封邑千戶，還會恩賜給公主豐厚的嫁妝和大量的財物。但這一切的所有權都是公主一個人的，公主府內的人員只聽命於公主，駙馬沒有調遣的權力；大量的封邑和財產均供公主花銷，駙馬也不能隨意挪用。此外，唐代禮樂還規定，公主死後，駙馬要守喪三年，服「斬衰」。所謂「斬衰」，是「五服」中最重的一種喪服，用最粗的生麻布製作而成，裁斷的地方不修邊而是外露。由於喪服上衣稱為「衰」，所以叫「斬衰」。如此規定讓男性的尊嚴受到挑戰，駙馬多半心中不快。

公主嫁到駙馬家中以後，因為身分尊貴，往往不願履行媳婦的禮儀。更有甚者，公婆還要向公主行禮。唐代宗的女兒昇平公主嫁給了汾陽王郭子儀的兒子郭曖。有一年，郭子儀過壽，身為媳婦的昇平公主不願前去拜壽。郭曖好言相勸，昇平公主卻說：「我是皇族，他是臣子，平時臣子不行禮也就罷了，居然還要我屈尊給他拜壽，真是豈有此理！」郭曖強壓住怒火，說：「今天父親大壽，連皇太子都來拜壽了，妳去拜壽也不算屈尊吧。」昇平公主仍然不聽。郭曖忍無可忍，出手搧了公主一記耳光。昇平公主何曾受此大辱，哭哭啼啼地跑去找唐代宗告狀。郭子儀聽說後大為惶恐，連忙帶著郭曖去唐代宗面前請罪。幸好唐代宗重視家庭禮儀，不僅沒有追究，反而安慰這位老臣說：「不聾不啞，難做家翁。」唐代皇帝曾三番五次地向公主強調孝道禮儀，然而公主不遵禮數的狀況並沒有得到顯著改善。

駙馬除了要附庸於公主的尊位，還要附庸於至高無上的皇室。為了讓公主不受委屈，皇室常常提出一些不合理的要求。例如：太平公主的第一次婚姻是嫁給唐高宗的外甥薛紹。武則天瞭解到薛紹的嫂子和弟妹都不是貴族出身，便覺得太平公主與她們成為妯娌有失身分。於是，武則天居然提出讓薛紹的哥哥和弟弟都要休妻的意見，否則太平公主不能下嫁。後來在眾人的勸說下，武則天才沒有固執己見。

以上這些不難看出，唐代駙馬是非常難做的。

名門不納李氏

唐代公主難嫁，還因為當時的世家名門對於李氏王朝的出身有看法。唐代社會是一個觀念相對自由的社會，因而，門第的高低不僅僅取決於權勢的大小，還取決於家族的文化傳統、家法門風、社會名望等。據史料記載，唐高祖李淵有鮮卑血統，因而世家名門多認為李氏出身於夷狄之地，不願與李氏結親。

當時，山東五大姓是公認門第最高的家族，分別是崔、盧、李（此「李」非李唐皇室的「李」）、鄭、王。唐代皇帝對山東五大姓極為仰慕，一直想把公主嫁到這樣的名門世家，然而在唐朝二百餘年的歷史中也未能實現。到了唐代中晚期，唐文宗認為，李唐文化作為社會正統文化存在了二百餘年，皇族應該有資格與世家名門結親了。於是，他提出要把公主嫁給山東五大姓，結果還是遭到了拒絕。最後，唐文宗只好退而求其次，將公主嫁給比山東五大姓門第略低的杜家，而杜家也只是勉強答應。

此外，駙馬不易升官也是唐代公主難嫁的原因之一。唐代駙馬多加封較高的官銜，然而都是閒職，根本沒有實權。據統計，唐代一百六十餘位駙馬中，能做到朝廷要員的只有十人左右，多數駙馬沒有正式官職。

南宋末年的民間怪現象

生子不舉

常言道：「多子多福。」在中國的傳統觀念裡，生了孩子卻不養育是斷然無法理解的。可是在南宋末年，民間就出現了這樣的怪事。更怪的是，這種現象不僅出現於貧苦農家，也存在於鄉紳世族，形成一種普遍的風氣。這種怪現象從何而來？背後又隱含了怎樣的社會根源？

野蠻的「計劃生育」

據《宋史》記載，南北宋之交，福建崇安有一位平民名叫胡安國。他的堂弟媳因生育兒子過多，打算溺死新生的一個男嬰。後來，胡安國夫婦心生不忍，把男嬰抱回家撫養，取名為「胡寅」，才保住了一條小生命。

類似這樣「生子不舉」的現象廣泛見於南宋民間。所謂「生子不舉」，就是生子而不養育，往往將嬰兒溺死或者拋棄。據記載，南宋末年生子不舉的現象波及福建、兩浙（浙東與浙西的合稱，今浙江省一帶）、荊湖（荊州和湖南）南北、江南東西等地，以建州、處州、汀州、南劍州、邵武軍、嶽州、信州、饒州等地最為嚴重。而且，這種怪現象完全是民間自發的行為，沒有受到朝廷的任何強制。

在中國五千多年多生多育的柔和主線之外，竟然有如此原始而野蠻的現象出現，令人不禁震驚。生子不舉造成了大量的溺嬰、棄嬰的存在，對當時的人口繁衍、經濟發展以及社會道德風氣等各方面都造成了極大的負面影響。

在南宋以前，生子不舉的現象就已經出現。最初，這個風俗是源於封建迷信，而且是極為個別的現象。民間認為，五月初五生子是不祥的徵兆，因為五月是「惡月」，五月初五則是「惡月」中的「五毒日」，這一天出生的孩子，可能是「五毒」轉世投胎。民間還有一種說法，五月初五出生的孩子將有害於父母，如《風俗通義》中記載的「俗說五月五日生子，男害父，女害母」。或許是受到男尊女卑思想的影響，民間更加忌憚「男害父」的傳言，因而長期以來，五月初五的生子不舉主要指男孩。

五月初五生子不舉的風俗起源已久，而且影響廣泛，一度還波及上層社會。據說，宋徽宗便是五月初五出生，因此從小就被寄養在宮外。後來，他因忌憚生子不舉風俗的影響，不得不將自己的生日改作十月初十，並將十月初十定為「天寧節」。

到了北宋仁宗年間，民間生子不舉的現象有所蔓延。這時，生子不舉已經不僅僅限於五月初五，生子不舉的「子」也廣泛地包含男嬰、女嬰在內的所有新生嬰兒。南宋末，這種現象波及地區更廣，影響更加深入。相傳當時農村一戶人家最理想的狀態是「二男一女」，如果再出現第四胎，便要溺死或扔掉。在重男輕女思想的影響下，農村家庭溺死或丟棄的女嬰數量遠遠多於男嬰，這直接導致了男女比例嚴重失調，一方面男子無妻可娶，另一方面拐賣婦女、女子早婚的現象日益嚴重。

怪現象產生的社會根源

南宋末年的生子不舉，已經基本脫離了五月初五生子不舉的傳統風俗。從現象層面看，南宋末年的生子不舉不再限於特定的時間，也不分男嬰、女嬰；從原因層面看，生子不舉並不是因為迷信「五毒」或「子害父，女害母」，而是在特定的社會環境下種種因素相互作用的結果。

一般認為，南宋末年生子不舉的怪現象主要有三方面原因：

首先，生子不舉是農民身處貧困線上不得已的選擇。南宋時期，土地兼併越演越烈，農民手中僅有的土地日益集中到士紳豪族手中。到了南宋末年，農民幾乎面臨無地可耕的境地。福建、兩浙、江南東西等地的農村，土地原本就貧瘠，農民的生活更加悲慘。在這種情況下，南宋朝廷還要徵稅、徵兵，設立各種苛捐雜稅的名目，諸如「身丁錢」[17]、「經總製錢」[18]、「月椿錢」[19]、「版帳錢」[20]等，無怪乎朱熹感慨：「古來刻剝百姓的辦法，本朝全有。」陷入絕境的農民只好人為地控制自家人口的數量，將多生的孩子殘忍地處理掉。

其次，生子不舉是在婦產科學不發達時代的一種無奈的選擇。儘管南宋時期的婦產科學有所發展，出現了一些對婦女的生育和保健有

17 身丁錢：按人丁徵收的稅。
18 經總製錢：賣酒、賣田地等的附加雜稅。
19 月椿錢：為支應軍餉而加徵的稅。
20 版帳錢：軍用稅。

定窯孩兒枕

這件宋代孩兒枕為定窯產品，類似的作品傳世僅此一件。陶工以寫實的方法，塑造了一個伏臥於榻上的男孩形象，胖嘟嘟的臉龐，圓圓的雙目，雙肩環抱枕於頭下，臀部上翹，雙腿內收，神態天真可愛。

益的措施，但還做不到通過醫學手段控制懷孕和生育。而且，婦女避孕或墮胎在當時是極其忌諱的事情。據史料記載，南宋農村也有不少婦女「屢壞胎」（即墮胎），但都被認為是不祥之舉，將遭受因果報應而為社會所不容。當時，很多農村婦女都生育八九胎甚至十胎以上，幾乎是年年懷孕，年年生育。既然一定要生育子女，又沒有能力撫養，只好溺嬰或棄嬰。

再次，很多鄉紳家庭也出現了生子不舉的現象，這主要是擔心家產分散，家道中落而被其他家族兼併。為了使家產集中起來，在一些鄉紳家庭也時有「生子不舉」的現象發生，目的是讓更少的子嗣來分家產。總之，種種因素釀就了中國歷史上野蠻而無奈的一幕。

鼓勵生育的南宋朝廷

南宋末年正值朝代更替、社會動盪的年代。從中國歷史發展的經驗來看，這樣的年代往往人丁不興旺，出現人口遞減的趨勢，甚至有生子不舉的怪現象發生。

生子不舉之風的盛行對南宋朝廷造成了不小的打擊。偏安江南的南宋王朝到了末年已經是積貧積弱，財力、兵力都難以對抗北方崛起的女真和蒙古族。這時，人口的緩慢增長更加限制了農村生產、財政稅收和徵兵兵源，對南宋朝廷而言無疑是雪上加霜。也正因如此，南宋在推行鼓勵生育的政策方面尤為積極。

為遏制生子不舉現象，南宋朝廷可謂費盡了心思。朝廷採取了很多獎懲措施以鼓勵生育，概括說來主要是物質方面的措施和精神方面的感化。

在物質方面，南宋朝廷企圖通過經濟上的扶助鼓勵農民生育，例如為貧困人家生子補貼糧食，禁止溺嬰，甚至規定不生子的家庭要上繳資產等。高宗紹興八年（一一三八年），朝廷做出規定，經濟困難的婦女有孕後，朝廷補貼四斗米，七年後又把補貼數量增加到一石米。孝宗時，朱熹等人提出創辦「舉子倉」的建議，用來救助那些生育子女卻無力養育的窮人。然而，由於需要救濟的人數太多，地方官僚又層層舞弊，朝廷下達的政策往往難以落實。

因此，南宋朝廷的一系列措施都沒有遏制生子不舉之風。隨著朝廷漸漸走向末路，種種救濟措施更無從執行，生子不舉的現象仍屢禁不止。

淒淒慘慘戚戚
李清照的晚年生活

「尋尋覓覓，冷冷清清，淒淒慘慘戚戚」，婉約詞宗李清照連用十四個疊字勾勒出自己晚年淒涼孤苦的生活。相比於李清照久負盛名的詞文，她的晚年生活卻極少被史料收錄，因而顯得異常神祕。她是孑然一身還是改嫁他人？她是如何度過國仇家恨與情感悲劇交織的歲月？

沉醉不知歸路

在中國文學史上，李清照堪稱最有成就的女性，也是人生際遇最為坎坷的女性。從名門閨秀到漂泊無依，從琴瑟相和到孤獨終老，她的前半生與後半生可謂「天上人間」。提及李清照的晚年生活，便不得不從她的身世說起。

北宋神宗元豐七年（一〇八四年），李清照出生於齊州章丘（今山東省章丘市）明水鎮。她的父親李格非是進士出身，在朝中任禮部員外郎，平日愛好文學，曾拜於大文學家蘇東坡門下。母親王氏能詩善文，是遠近聞名的才女。成長在這樣一個書香門第裡，李清照自幼便受到詩書文化的薰陶，接受了良好的傳統教育。她博覽群書，尤其喜愛詩詞書畫。少女時代，李清照便能吟詩作詞，且常有驚人之句。

「常記溪亭日暮，沉醉不知歸路。興盡晚回舟，誤入藕花深處。爭渡，爭渡，驚起一灘鷗鷺。」這首流傳甚廣的《如夢令》真實描繪了李清照天真爛漫、無憂無慮的少女年華。「沉醉不知歸路」、「驚起一灘鷗鷺」，既寫出了少女輕鬆活潑的心情，也映襯出李清照「學詩漫有驚人句」的才情。

宋徽宗建中靖國元年（一一〇一年），十八歲的李清照嫁給了同樣出身士大夫家庭的趙明誠。兩人志同道合，情趣相投，婚後生活非常甜蜜。趙明誠當時二十一歲，正在太學讀書，因此與新婚妻子聚少離多。獨守家中的李清照不免心生閒愁，常常寫詞寄給趙明誠，訴說相思之情。《一翦梅》、《醉花陰》等婉約柔美的佳作，就是在這段時間創作的。

趙明誠酷愛金石研究，為了蒐集字畫、書帖、古器等不惜傾其所有。李清照對趙明誠的這一嗜好非常理解和支持。她平日荊釵布裙，千方百計地縮減支出，將省下的家財用來支持趙明誠的金石考據事業。久而久之，李清照也對金石考據產生了濃厚的興趣。她與趙明誠一道搜求古文奇字，共同鑒賞、校勘，倒也樂在其中。夫妻倆對詩詞書畫也有共同的志趣，常常一起談論詩文寫作，品評詞家得失。據此，李清照創作了中國歷史上第一部詞學評論《詞論》。

然而，伉儷情深的幸福生活不久後就遭到了殘酷現實的打擊。在新舊黨爭（圍繞王安石變法的執行引發的黨爭）中，李清照與趙明誠兩家遭遇了政治上的不幸，二人的父親先後死去。繼而，建炎元年（一一二七年），「靖康之變」突發，金兵入主中原，李清照與趙明誠被迫南遷；建炎三年（一一二九年），趙明誠出任湖州太守，卻不幸在赴任途中病死。

失去了故國和家園，李清照原本美好的生活迅速轉向黯淡。「沉醉不知歸路」的日子一去不復返了，陪伴她的只餘下無限的愁苦。

梧桐仕女圖

此圖是清代人王素根據李清照詞意而畫。一女子倚窗而立，纖弱秀美，為「簾卷西風，人比黃花瘦」之意境。

物是人非事事休

趙明誠死後，李清照懷著無比悲痛的心情為他營葬[21]，後因身體不支，一病不起。重病之中，支撐她活下去的信念就是達成趙明誠未竟的心願，寫完一本匯聚夫婦二人考據成果的《金石錄》。

據史料記載，李清照在病中孤苦伶仃，無依無靠，在顛沛流離之中又遺失了許多收藏珍品，生活極其窘困。這時，有媒人給她介紹了一位名叫張汝舟的書生。做為一個柔弱的女子，李清照在動盪的時局中很難生存，在飽嘗了人生的艱辛後，她渴望有所依靠，過上幸福安定的生活。於是，她在媒人的安排下見到了張汝舟，感覺他是個舉止得體的君子，便嫁給了他。這一年，李清照四十九歲。誰知，張汝舟本是個貪婪自私的小人，他迎娶李清照，並不是為了與她相互扶持，安度晚年，而是為了霸占她手中的珍貴文物。這些由李清照與趙明誠共同蒐集的字畫、古器等珍品，可謂價值連城、舉世難求。張汝舟為了得到這些寶物，先是對李清照甜言蜜語，遭到拒絕後就凶相畢露，對李清照百般虐待折磨。忍無可忍的李清照毅然決定結束這段婚姻。

在古代，只有男子休妻，女子是不能隨意提出解除婚姻關係的。無奈的李清照不得不向官府提出訴訟，檢舉了張汝舟「妄增舉數入官」（虛報考試次數以求得官職）的行為，並要求與張汝舟解除婚姻關係。依照宋代法律規定，婦女起訴丈夫，即使罪狀屬實，也要坐牢兩年。而

21營葬：辦理喪葬的事。

李清照仍然告到了官府，可見決心之堅、勇氣之足。官府最終判決張汝舟罪名屬實，發配到柳州，李清照也隨後入獄。後來，李清照的親戚翰林學士綦崇禮得知此事，出面幫她疏通，李清照才得以於入獄九天後被釋放。出獄後，李清照特意寫作《上內翰綦公啟》（或又名《投翰林學士綦崇禮啟》），以感謝綦崇禮。

儘管改嫁、婚變在今天看來是無可厚非的，但對於古代女性而言難免遭受非議。因此，後世一些學者對李清照改嫁一事難以接受，不斷有質疑的觀點提出，李清照的改嫁也成為一個爭論不休的疑案。

「改嫁說」與「辯誣說」

關於李清照晚年的婚嫁情況，學界存在「改嫁說」和「辯誣說」兩種針鋒相對的說法。

「改嫁說」是宋代正史記載的說法，主要依據的史料是南宋史學家李心傳撰寫的《建炎以來繫年要錄》和李清照寫給綦崇禮的信《上內翰綦公啟》（收錄於南宋學者趙彥衛的著作《雲麓漫鈔》）等。兩本著作均明確記載了李清照改嫁的前因後果。除此之外，還有五本宋代著作也曾提及李清照改嫁一事。由於正史有明文記錄，宋元兩朝的學者對李清照改嫁一事都確信不疑。

到了明代，開始有學者提出對立於「改嫁說」的「辯誣說」。明代學者徐勃認為，李清照出身官宦之家，且喪夫時已年近五十，改嫁之事不可信。沿著這一思路，清朝及之後的學者從史料記載中找出了一些疑點。清代學者俞正燮首次全面地論證了「辯誣說」。

首先，他指出《上內翰綦公啟》中有多處自相矛盾的地方，比如敘述了李清照改嫁的過程，卻又稱此事為「無根之謗」；對於朝廷不應過問的婚嫁之事，卻寫道「持官書文字來輒信」等。而且《上內翰綦公啟》文筆乾澀，行文不通，應判定為篡改版本，而非李清照所作。其次，俞正燮細細考證史學編年，提出宋代史學著作記載的年份不可靠，若按真實的年份推算，李清照沒有改嫁的可能。而《建炎以來繫年要錄》的作者李心傳在李清照去世後四十年才出生，又與李清照相隔萬里，其關於改嫁的記載恐怕是誤傳，不足採信。

後來，又有不少學者在此基礎上，豐富和完善了「辯誣說」的依據。首先，趙彥衛的著作《雲麓漫鈔》廣泛收錄了天文、地理和民間故事等題材的內容，記載難免有失實之處；其次，《建炎以來繫年要錄》關於李清照改嫁張汝舟一事的記載，前文只稱「李氏」，寫到她去官府狀告張汝舟時，才插了一句「李氏，格非女，能為歌詞，自號易安居士」，很可能是有人故意陷害李清照而改；此外，綦崇禮是趙明誠的姑表兄弟，如果李清照真的改嫁並入獄，有何顏面接受他的幫助？

在「辯誣說」振振有詞時，「改嫁說」也不斷提出新的論證觀點。現代學者黃盛璋認為，提及李清照改嫁的著作均為嚴肅題材，作者也都是與李清照同時代的人，史料記載的可信度較強。其中有些著作成書時，李清照還健在，作者不可能公然造謠李清照改嫁。此外，宋代婦女改嫁現象比較普遍，並不值得大驚小怪，《宋史》中就記載了「詔許宗女改嫁」的事情。而明清以後的學者以婦女守節的標準來衡量當時的李清照是不合適的。

目前，「改嫁說」是較為主流的觀點，「辯誣說」的質疑雖有一些論據，但力度不強，多為常理推斷或猜測。即便指出史料記載中的一些不足，但仍未發現真正的「硬傷」。而且可以肯定的是，「辯誣說」始終脫離不了改嫁失節的成見。

宋代婦女妝飾圖

無論真相如何，李清照的德行、才名、人品不會因改嫁與否而受到影響，她的成就永遠令後人景仰，她的遭遇永遠令後人慨嘆。

欲將血淚寄山河

如果說改嫁之痛是李清照晚年的第一個悲劇，那麼國仇家恨則是伴隨她後半生的另一塊心病。在南方漂泊的日子裡，李清照一刻也沒有忘記故土，沒有停息憂國憂民之心。做為一個閨閣女性，做為一位婉約詞人，李清照有此愛國之心是難能可貴的。

靖康之變後，李清照與趙明誠沿長江往江西方向遷移。當到達烏江鎮時，李清照得知這是西楚霸王項羽兵敗自刎的地方，心生感慨，寫下了名垂千古的詩句：「生當作人傑，死亦為鬼雄。至今思項羽，不肯過江東。」

趙明誠死後，朝廷傳出趙明誠曾送給金人一只玉壺的謠言，使李清照大為驚恐。原來，在趙明誠病重期間，友人張飛卿曾帶一只玉壺來看望他，此事不知為何被誤傳成「通金」。為表明丈夫的清白，李清照決定將夫婦二人收藏的所有珍品都進獻給朝廷。於是她追隨宋高宗趙構逃亡的路線南渡，經越州、明州輾轉至奉化、台州，後來又從溫州返回越州。流亡途中，李清照所攜文物珍品被金兵、盜賊甚至官兵盜走大半。建炎四年（一一三〇年），宋高宗看到人多不易逃跑，下令遣散百官。李清照看到一國之主只顧自己保命，心中無限失望。她最終沒能追上皇帝，進獻朝廷的願望終究沒有達成。

紹興三年（一一三三年），宋高宗突發奇想，提出派人赴金看望靖康之變中被俘的宋徽宗和宋欽宗，並與金談論議和事宜。滿朝文武聽後沒有一人敢去，這時，韓肖胄自告奮勇向宋高宗請命。關心國事的李清照瞭解到此事後，心潮澎湃，滿懷豪情，提筆寫下一首長詩讚頌韓肖胄的勇舉。其中，「欲將血淚寄山河，去灑東山一抔土」一句尤為感人肺腑。第二年，金兵南犯，宋高宗再次棄都而逃，李清照流亡到金華避難。皇帝的軟弱和朝廷的無能使她心灰意冷，愁容滿面。當有人請她去雙溪泛舟時，她惆悵地寫下了千古傳唱的《武陵春》：「只恐雙溪舴艋舟，載不動，許多愁。」

後世鮮有人知道，李清照與宋朝的權臣秦檜有親戚關係，她與秦檜的夫人是表姊妹。然而，李清照與他們從不往來，即使是生活最困難的時候，也沒有踏進秦家半步。

怎一個愁字了得

風燭殘年的李清照孑然一身，心靈的悽苦「怎一個愁字了得」！她平日裡做的無非兩件事情：寫詞和完成《金石錄》。李清照的詞風以南渡為界，前期與後期有很大差別。前期詞風以輕快明麗為主，多表現閨中少女的閒情樂趣或少婦的相思閒愁；後期則變得深沉悲苦，多描寫人生愁苦與憂國情懷。

李清照有一位姓孫的朋友，生有一個女孩，天資聰慧。李清照十分喜歡，便對這個女孩說，願意將自己畢生所學傳給她。誰知這個女孩不假思索地回答：「才藻非女子事也。」李清照聽後，不由得感到淒涼萬分。在女子無才便是德的社會，她的滿腹才學得不到價值的體現，甚至得不到承認，這讓李清照在形影孤獨之外，更添了一份心靈的寂寞。

不久，李清照終於完成了傾注畢生心血的《金石錄》。此時，丈夫的心願終了，離愁別緒湧上心頭，李清照吟出了那首催人淚下的《聲聲慢》，勾勒出一個「尋尋覓覓，冷冷清清，淒淒慘慘戚戚」的晚年。約七十三歲時（卒年不詳），李清照走完了充滿悲劇色彩的一生。後人將李清照的詞結集為《漱玉詞》，尊她為一代詞宗，並在她的家鄉建起了李清照紀念堂。

「莫須有」的深意

岳飛死因探祕

「青山有幸埋忠骨，白鐵無辜鑄佞臣。」杭州西子湖畔的岳飛墓，每年都會迎來來自五湖四海的憑弔者。人們在為這位悲劇英雄扼腕嘆息的同時，也不忘朝秦檜的跪像啐上兩口，以發洩對於「莫須有」三個字的憤怒。但「莫須有」到底是何意？岳飛真是死於「莫須有」的罪名嗎？

一代名將的千古奇冤

南宋紹興十一年（一一四一年）除夕夜，抗金名將岳飛被押解到杭州大理寺（南宋最高審判機關）獄中的「風波亭」下。獄官端上一杯毒酒，道：「請吧，岳將軍。」岳飛面不改色，要來紙筆，秉筆書就八個大字：「天日昭昭！天日昭昭！」然後長嘯一聲，端起酒杯，一飲而盡，死時年僅三十九歲。之後，岳飛的養子岳雲、副將張憲一併被押往刑場，腰斬示眾。一代名將，就此殞身，結局慘烈，令人扼腕。

岳飛，字鵬舉，相州湯陰（今河南省湯陰縣）人，北宋崇寧二年（一一〇三年）出生在一戶農家。岳飛自幼喜讀《左氏春秋》和《孫子兵法》。相傳他天生力大無窮，未成年時便可拉動三百斤力道的大弓，且射術精湛，可以左右開弓。岳飛的青年時代，正值兩宋交替、金兵肆虐的時期，立志報國的岳飛義無反顧地投入到抗金的隊伍中，因為英勇善戰、屢立戰功而不斷得到擢升。靖康之變後，岳飛擔負起收復中原的重任，率軍北伐，與北方的偽齊政權（金人扶植的傀儡政權）和金兵進行了數度決戰，收復了大片失土。

岳飛精通兵法，敢為士先，他所率的部隊作戰英勇，連戰連捷，經常以少勝多。敵兵中的漢人一聽是「岳爺爺的部隊」，都紛紛來降。同時，岳飛的部隊軍紀嚴整，賞罰分明，對百姓秋毫不犯，「凍死不拆屋，

杭州岳王廟中的岳飛塑像

餓死不擄掠」。民間百姓都親切地稱之為「岳家軍」。

南宋紹興十年（一一四〇年）春，金大將完顏宗弼（女真名金兀術）率金兵大舉南侵，「岳家軍」與其在郾城（今河南省漯河市下轄區）進行決戰。岳飛巧用謀略，大破金兵王牌部隊「鐵浮屠」（連排重裝騎兵）和「拐子馬」（最精銳的騎兵部隊），一舉殲滅完顏宗弼的數萬精銳。繼而，「岳家軍」又在潁昌大敗完顏宗弼，兵臨朱仙鎮，包圍了故都開封。就在收復中原有望之際，一心乞和的宋高宗接連發了十二道金牌命令岳飛班師。岳飛無限悵恨，長嘆道：「十年之功，毀於一旦！」然後飲恨撤兵。

岳飛回朝後立刻落入了秦檜等人早已編織好的羅網之中，以謀反罪名被逮捕審訊。在多次審訊毫無進展的情況下，秦檜調換主審官，終於由刑部大理寺發布岳飛罪狀，宋高宗「特賜死」。宋孝宗即位後，下詔為岳飛平反，以禮改葬。後世帝王追封岳飛為「鄂王」，諡「武穆」。

「莫須有」之謎

世人皆知岳飛死於冤案，秦檜一句「莫須有」的罪名，殘害了一代忠良，卻很少有人探究，這「莫須有」從何而來？又有何深意？其實，「莫須有」的典故出自《宋史．岳飛傳》。岳飛父子被下獄，將要處死，與岳飛同為抗金名將的韓世忠心中不平，前往秦檜處責問原因。秦檜說：「飛子雲與張憲書，雖不明，其事體，莫須有？」韓世忠聽後氣憤地說：「『莫須有』三字，何以服天下？」

這段記載有兩點值得我們注意：

首先，「莫須有」真實的意思是什麼？通常對「莫須有」的理解是「大概有」或者「或有或無」的意思，有人還將「莫須有」解釋成「根本沒有」的意思。從對話情境來看，秦檜面對韓世忠的責問公然說出「大概有」或者「沒有」，等於是承認自己枉殺忠良，一國宰相說出這種話是很不合情理的。這一疑問多次被後世學者提到過，一些學者根據宋代當時的語言用法去比對「莫須」的含義，得出的結論是：「莫須」的含義是「難道不」，「莫須有」的真正含義是「難道沒有」！而把這種解釋還原到對話中，也更合情理——秦檜反詰一句「這事難道沒有嗎」，這更像是一種回應韓世忠責問的態度。

更為重要的是第二點——把「莫須有」安到岳飛身上是「亂點鴛鴦譜」。從原文我們可以看出，秦檜回答韓世忠追問的問題是關於「飛子雲與張憲」，即岳雲與張憲的罪名，而非岳飛。也就是說，韓世忠對於岳飛的罪過並沒有提出異議，而是針對岳雲和張憲的無端獲罪憤憤不平。而真正被「莫須有」害死的，其實不是岳飛本人，而是岳飛的兒子岳雲和部將張憲。由此可知，岳飛之死，另有原因。

一代忠良的致命缺陷

岳飛精通武藝，通曉兵法，且善於用兵；工於詩詞，且書法出眾；人格方面，他更是「白玉無瑕」，堪稱「完人」。正史中對他的評價是：「文武全器，仁智並施，一代罕見！」然而完美的岳飛也有他的弱點，那就是他政治上的極度幼稚與性格上的過於直率。

岳飛自小仁厚寡言，性格內向，又因為心胸坦蕩，一心為公，所以不善心機，顯得過於率真。朱熹在《朱子語類》中對岳飛的評價是「岳飛恃才不自晦」，可謂中肯。早在岳飛年輕時，就曾因個性過於耿直而多次與上司發生矛盾。他曾以低級將官的身分給剛剛登基的宋高宗趙構上書，痛陳克復（攻戰而收復失地）大計。信中稱一些高級將領「不足繫中原之望」，並要求皇帝御駕親征。這一行為固然是出於岳飛的滿腔赤誠，但信還沒到宋高宗手中就被扣了下來。岳飛也由於越級上書違反法紀，被開除出了軍隊。

岳飛成名後，宋高宗趙構非常欣賞他，除了不斷給他加官晉爵外，還親手書寫「精忠岳飛」四個大字，讓人做成大旗賜與岳飛。宋高宗對岳飛的領兵能力更是充分信任，不斷劃撥軍隊交給岳飛統領（「岳家軍」常備部隊從最初的數千人擴充到十萬餘人），還要求其他將領「聽（岳）飛號令，如朕親行」。得到皇帝如此「隆恩」的岳飛，在性格方面卻依然如故，甚至恃才乘寵，越發意氣用事。

一次，皇帝準備將將領王德的淮西兵馬劃歸岳飛指揮，卻遭到主和派秦檜的阻撓，最終作罷。岳飛竟一氣之下上表辭職，將軍隊安排給屬下統領，連招呼都不打就步行上了廬山，給母親掃墓去了。皇帝屢次下詔令他回來，都被他強硬地拒絕了。忍無可忍的高宗只得給岳飛的幕僚下了死命令：「不找回岳飛，你們也別想活！」岳飛的部下連忙以死相求，才死說活說地把「岳太尉」給「請」了回來。類似這樣在皇帝面前耍脾氣的事情，岳飛還做過很多，而這些都是做臣子的大忌。

岳飛心胸坦蕩，對於內心的想法毫不遮掩，也不顧及後果。宋高宗趙構因為南逃時受到驚嚇而喪失了生育能力，他唯一的兒子也早早去世，於是將宗室子趙昚（即後來的宋孝宗，昚音同「慎」）收為養子。岳飛一心為國著想，加之自己非常欣賞趙昚，於是屢次上書談論立儲事宜。要知道，古代皇家立儲是皇帝的私事，大臣是沒有資格過問的，稍有染指便是殺頭之罪。岳飛一片忠心，卻幼稚地觸碰了權力的禁區，皇帝對此自然十分厭惡。除此之外，岳飛還屢次上表陳詞，提到要克復中原，迎回被金軍擄走的兩位先朝皇帝。可他沒有替高宗想過，一旦真的迎回了「二帝」，如今的皇帝又該擺在哪裡呢？而不明深意的岳飛一再提及皇帝心中的「大忌諱」，又怎能不讓皇帝產生殺心呢？

紹興七年（一一三七年），南宋大將酈瓊殺死兵部尚書呂祉，率數萬精兵投降了偽齊政權。這一事件讓宋高宗痛下殺心：這些擁兵數十萬的將軍，才是對自己寶座最大的威脅。於是，統兵十萬、民望甚高、能力令人畏懼卻又缺乏政治頭腦的岳飛，就成了皇帝和奸臣們第一個清除的對象。

康熙帝遺詔

解開雍正帝即位謎團

康熙帝駕崩後，遺詔傳位四皇子胤禛（即後來的雍正帝）即位，此事歷來被世人猜疑。民間多認為，四皇子胤禛密謀篡改遺詔，登基為帝。康熙帝遺詔是否被篡改過？胤禛即位為何遭人質疑？他又憑藉什麼在爭位的鬥爭中勝出？種種謎團都要從這份頗具爭議的遺詔說起。

遺詔篡改之謎

康熙六十一年（一七二二年）冬天一個寒冷的夜晚，一代明君康熙帝駕鶴仙逝。康熙帝生前對於傳位一事緘口不言，死後僅留下一份遺詔，指明傳位於四皇子胤禛。消息一出，朝野震驚，諸皇子亦感到不可思議。

不久，民間就有傳言，認為胤禛是矯詔篡位。最為流行的一種說法是，康熙帝遺詔原本寫的是「傳位十四皇子」。但四皇子胤禛買通康熙帝近臣，在遺詔上面添了兩筆，改為「傳位于四皇子」。但這種傳言是經不起推敲的。因為清代正式官文在提及皇子時，採用統一稱謂「皇某子」，即若傳位十四皇子，真實的康熙帝遺詔中的文字是「傳位皇十四子」。這樣一來，遺詔一改就成了「傳位皇于四子」，明顯不通。況且，當時還沒有出現簡體字，漢文文書採用繁體字，故「于」應為繁體的「於」，因此「十」也無法改成「于」。

那麼，雍正帝有沒有可能對遺詔進行更複雜的篡改呢？據史料記載，康熙帝遺詔並非駕崩當日發布，而是幾天之後發布的。因此民間還有另一種傳言，說康熙帝在彌留之際，令大臣隆科多宣皇十四子覲見。隆科多因與皇四子胤禛關係密切，便故意裝作誤聽，宣了皇四子覲見。後來，隆科多又與皇四子封鎖真實的消息，將篡改的遺詔公之於眾。

這種可能性基本上也被史學界否定了，原因在於清朝的官方文獻都是滿、漢兩種文字對照的，康熙帝遺詔則有滿、漢、蒙三種文字版本。如果說修改漢文版本尚能嘗試，修改滿、蒙文字就非常困難了。更重要的是，近些年康熙帝遺詔曾於

晚年康熙帝畫像

康熙帝晚年，諸皇子為爭儲的鬥爭激烈，他為此傷透腦筋，心力交瘁，其心境是十分悲苦淒涼的。

文物展覽中面世，遺詔原件並沒有被改動的痕跡。而且，遺詔並非像人們想像的那麼言辭簡略，僅僅是說明傳位於皇四子，而是將皇四子的為人和才能進行了描述，寫有「雍親王皇四子胤禛，人品貴重，深肖朕躬，必能克承大統，著繼朕登基，即皇帝位」等語句。由此看來，遺詔被篡改是不可能的。

既然康熙帝遺詔的真實性得到了公認，那麼另一個疑問便隨之而來：人們為什麼如此不相信雍正帝即位的資格，即使在遺詔「篡改說」被推翻後，還不依不饒地提出「偽造說」？這就要從著名的「九子奪嫡」說起。

驚心動魄的儲位之爭

康熙帝生前，曾兩廢太子，後來一直沒有立儲。諸皇子圍繞著太子之位展開了長達二十年的爭奪戰。在這場儲位之爭中，皇四子胤禛始終沒有形成自己的勢力，呼聲不高，這是他即位遭人懷疑的一個重要原因。

康熙十三年（一六七四年），康熙帝的皇后赫舍里氏在生下皇子胤礽後撒手人寰。胤礽出生後不久，就以嫡次子的身分被立為太子，並深得康熙帝的寵愛。在此後的三十餘年中，胤礽的太子之位穩固，諸皇子並沒有爭儲之舉。其間，只有大皇子胤禔與胤礽形成了一定的競爭關係，兩人常常在文治武功上一爭高低。胤礽自幼不合群，在諸皇子中只與四皇子胤禛和十三皇子胤祥關係較好。此外，因他的性格有些孤僻暴戾，在朝野中樹敵頗多。

康熙四十七年（一七〇八年），太子胤礽因奢侈、淫亂、暴虐等緣由被廢黜。一時間，諸皇子躍躍欲試，開始明爭暗鬥地爭奪儲位。僅僅半年後，康熙帝又以「雖被鎮魘，已漸痊可」為由，復立胤礽為太子，爭儲風波暫時平息。然而，康熙五十一年（一七一二年），康熙帝又下詔將胤礽廢黜禁錮。

自康熙帝第一次廢太子開始，「九子奪嫡」就轟轟烈烈地展開了。一般認為，「九子」指皇長子胤禔、皇二子（即太子）胤礽、皇三子胤祉、皇四子胤禛、皇八子胤禩、皇九子胤禟、皇十子胤䄉、皇十三子胤祥、皇十四子胤禵。「九子奪嫡」形成了四股強勁的勢力：一是「大千歲黨」，以皇長子胤禔為首；二是「太子黨」，以皇二子胤礽為首；三是「三爺黨」，以皇三子胤祉為核心；四是「八爺黨」，以皇八子胤禩為首，還包括皇九子胤禟、皇十子胤䄉、皇十四子胤禵等。

幾股勢力之中，皇長子胤禔最早失敗，於康熙四十七年（一七〇八年）被圈禁。皇二子胤礽兩次被廢，「太子黨」的勢力也日漸衰弱。皇三子胤祉整日舞文弄墨，身邊聚集了一批修書的文人，實際上並未形成朋黨，後來也因其屬下犯案而聲望下降。「八爺黨」是實力最強、呼聲最高的一派。皇八子胤禩善於籠絡人心，在朝臣中聲望很高，其餘皇子也多依附於他。然而，胤禩的行為令康熙帝極為反感。康熙帝曾說：「二阿哥悖逆，屢失人心；胤禩則屢結人心，此人之險，百倍於二阿哥也。」胤禩曾因結黨爭儲被圈禁，釋放後仍不思悔改，繼續圖謀儲位。康熙帝對他厭惡到了極點，終於宣稱與胤禩斷絕父子恩義。

「九子奪嫡」過程中，皇十三子胤祥、皇九子胤禟、皇十子胤䄉等也因種種原因失寵於康熙帝。最終，只剩下皇四子胤禛和皇十四子胤禵沒有前科，仍具備爭儲的條件。在這兩人之中，朝臣和百姓都傾向於年輕有為的皇十四子胤禵（從民間傳說即可看出），但是，康熙帝最終選擇了已經四十五歲的皇四子胤禛。於是，滿朝譁然，民間猜疑。人們不禁要問，胤禛憑什麼能在「九子奪嫡」中勝出？

歷史上最勤奮的皇帝

的確，皇四子胤禛在儲位之爭中勢力不強，他並沒有過人的才能，且已過不惑之年。那麼，康熙帝臨終決定傳位於他，究竟出於什麼考慮呢？據後世學者分析，雍正帝得以即位，主要有以下幾個原因。

第一是「誠孝皇父，友愛兄弟」。當爭儲的諸皇子違反孝道、兄弟相殘時，胤禛卻始終保持對康熙帝的尊重和恭敬，而且能與其他皇子和睦相處。儘管也有學者揣測胤禛當時是假意斡旋於諸皇子之間，即位後卻對他們進行殘酷的迫害。然而，他畢竟在康熙帝生前維持了孝順和友愛的良好形象。

第二是勤奮敬業、謹慎實幹。康熙帝晚年，胤禛掌管戶部，任勞任怨，做出了顯著的政績。事實證明，雍正帝即位後也非常勤政，在位十三年之中共留下了一千多萬字的朱批，每天都工作到深夜，只睡三四個小時。他常年不休息，被公認為歷史上最勤奮的皇帝之一。在雍正帝的努力下，「攤丁入畝」、創立軍機處、「改土歸流」

乾清宮

雍正帝即位後，吸取康熙帝晚年諸皇子爭儲的教訓，建立了「祕密立儲制度」，即由皇帝祕密親書預立皇太子名字的「御書」，密封匣內，藏於乾清宮的「正大光明」匾後。皇帝臨死前（或死後），由御前大臣、軍機大臣等按「御書」所定，擁立嗣皇帝即位。

等具有重要意義的舉措得以推行。

第三是雷厲風行、堅固可託。康熙帝晚年，由於過於仁慈，朝中貪汙腐敗現象有所蔓延。他深深認識到這一弊端，多次表示要傳位於一個「堅固可託」之人。雍正帝雷厲風行，即位後果然大力整頓吏治，對「康乾盛世」的過渡做出了巨大的貢獻。

第四是因為康熙帝對胤禛之子弘曆極為喜愛。弘曆即後來的乾隆帝，幼年時聰慧威武，被康熙帝稱為「有英雄之氣」。所謂「愛屋及烏」，康熙帝對胤禛也更為賞識。由此看來，雍正帝即位或多或少還沾了兒子的光。

《投名狀》背後的歷史疑雲
被迷霧籠罩的「刺馬案」

隨著電影《投名狀》的上映，一段沉寂已久的歷史再次浮出水面。《投名狀》的故事原型是大名鼎鼎的「晚清四大疑案」之一的張汶祥「刺馬案」——兩江總督離奇遇刺，凶手未逃當場被捕，動機疑點重重，結案一拖再拖。是復仇？情殺？還是政治謀殺？重重迷霧籠罩在這部《投名狀》背後的故事中……

神祕刺殺

真實的「刺馬案」發生在清朝同治九年七月二十六日（一八七〇年八月二十二日），時任兩江總督（即今江蘇、安徽、江西、上海四省市的軍政最高領導）的馬新貽結束了當日的兵士檢閱，從射箭場打道回府。當他走到府衙門口的時候，早在路邊埋伏許久的一個人忽然衝出人群，徑直衝向馬新貽，這人一邊口呼冤枉，一邊拔出匕首，刺中了馬新貽的右肋。馬新貽當場嘔血撲地，第二日便一命嗚呼了。

奇怪的是，這名凶手刺中馬新貽後不但不逃，反而大呼「刺客是我張汶祥」，坐以待捕。

這是一樁真實的奇案——堂堂封疆大吏遇刺身亡，案件一發，朝野震驚。刺客如何能輕易行刺得手？又是怎樣的深仇大恨讓他如此無所畏懼？這怪誕的案情讓慈禧太后也不禁驚問：「馬新貽此事豈不甚奇？」

但更奇的是凶手的供詞。凶手供出了三點作案動機：

第一點，他的妻子和錢財被人霸占，於是找到時任浙江巡撫的馬新貽攔轎喊冤，但馬新貽沒有受理，後來張汶祥幾經輾轉雖要回了妻子卻失去了錢財，妻子一氣之下自殺了，他因此憎恨馬新貽；第二點是他的很多海盜朋友被馬新貽捕殺，他要為朋友報仇；第三點則是馬新貽查封了他的典當行生意，斷了他的生路。於是新仇舊恨交織，使他密謀兩年，最終找到機會刺殺了馬新貽。但這份荒唐的供詞自然無法令人相信，於是案件被一拖再拖，疑雲重重。

流言四起

案件懸而未決，民間卻早已流言四起。相關的傳說千奇百怪，但主要的因果關係不外乎三種——復仇、情殺和政治謀殺。

首先是「復仇說」。傳說張汶祥曾是一名捻軍（當時的一支農民起義軍）的小頭目，在被清軍將領馬新貽打敗後，與結拜兄弟邱材青、龍啟雲在浙江沿海結寨。後來張汶祥加入了太平軍，邱材青和龍啟雲留守石寨。結果石寨再次被馬新貽剿滅，張汶祥的兩個兄弟被殺，他的妻子也被寨中的叛徒霸占。被逼上絕路的張汶祥誓報此仇。

其次是「情殺說」。相傳張汶祥在做捻軍頭目時俘虜過清軍將領馬新貽。馬新貽趁機勸說張汶祥投靠朝廷。張汶祥被馬新貽的言語打動，於是叫上他的兩個兄弟——曹二虎和石錦標，與馬新貽四人一同結拜，投奔了清軍。此後，馬新貽的官運漸旺，卻見利忘義，疏遠兄弟，又因為看上了曹二虎美貌的妻子，竟將曹二虎設計殺死。於是，張汶祥一怒之下為兄報仇。

最後是「政治謀殺說」，其中涉及「督撫不和說」和「湘軍示威說」。前者是猜測馬新貽與巡撫丁日昌不和，丁日昌派人將其刺殺。但更為可信的是後一種說法，曾國藩的湘軍在剿滅太平天國的過程中勢力壯大，朝廷於是派馬新貽（回族）為兩江總督，一來鎮守，二來節制湘軍，並暗中徹查湘軍攻陷南京後太平天國巨額庫銀的去向。而馬新貽到任的兩年中，對猖狂的湘軍進行了多次制裁，激起了湘軍的憤怒，於是，湘軍勢力「公然大膽」地策劃了「刺馬案」，給朝廷一個響亮的警告。

電影《投名狀》的劇情融合了三種猜測的合理成分，以「情殺說」為主線，「政治陰謀說」

為真相，「復仇說」作點綴，把故事講得扣人心弦。而真實的案件本身由於涉及清廷、太平軍、湘軍、捻軍等眾多集團，牽扯到慈禧太后、曾國藩、丁日昌等重要人物，又包含造反、復仇、奪妻、滿漢爭權等諸多傳奇元素，涉案原因太廣，真相已難尋求。最終，轟動一時的「刺馬案」隨著主犯張汶祥被「凌遲處死，剖心致祭」而草草結案。真相雖已湮沒，卻留給後人無限的想像空間……

第三章　開啟絕密檔案

從商人到相國

成功轉型的呂不韋

「士農工商」，在中國古代的職業排行中，商人的社會地位是最低的。然而在戰國，就有這樣一位傳奇的商人，他憑藉敏銳的政治嗅覺和不凡的商業頭腦，完成了從「成功商人」到「一國之相」的成功轉型。他就是歷史上赫赫有名的呂不韋。

呂不韋「囤積居奇」

呂不韋，戰國時期陽翟（今河南省禹州市）的一位大商人。他靠著在列國之間低價買入、高價賣出的手法，積攢了大量的家財。然而，精明的商人呂不韋志向並不在此，他有著更大的野心，那就是用智慧換來無上的政治權力。

一日，呂不韋到趙國的首都邯鄲去販賣貨物，遇到了處境困窘的秦國王孫子楚。子楚本名嬴異人，後改名子楚，是秦國太子安國君的兒子。安國君有二十多個兒子，子楚在其中並不受寵愛，於是作為人質留居在趙國（戰國時期各國互換人質的情況很常見）。當時秦國不斷攻打趙國，所以身為秦國人質的子楚不被趙國禮遇，連日常的花銷都不夠用，生活過得很窘迫。呂不韋很可憐子楚的處境，同時敏銳的政治嗅覺令他馬上意識到，眼前的年輕人大有文章可做。他將子楚比作「奇貨」，認為「囤積」起來可以獲得巨大的利益，這就是成語「奇貨可居」的出處。

呂不韋開始與子楚頻繁交往，並結為密友。他曾風趣地對子楚說：「我能光大你的門庭，而我的門庭也會隨著你的光大而光大。」他為子楚出謀劃策，籌畫怎樣能讓子楚「翻身」。呂不韋為子楚出了一個主意：「秦昭襄王已經老了，你的父親安國君是太子，早晚會繼位成為秦王。安國君在妻妾中最寵信華陽夫人，但她卻沒有子嗣。你應該從現在開始廣結賓朋，然後回國好好侍奉華陽夫人，爭取讓她勸說安國君立你為繼承人。」接著他鄭重地對子楚說：「我雖然不富有，但願意拿出千金家財幫助你。」一席話正說中子楚心事，兩人於是一拍即合。

精明而有膽識的呂不韋傾盡了自己所有的積蓄，幫助子楚在各處打通關係。他先是掏出五百金給子楚用來結交賓客，打造形象；又拿出五百金買來各種珍奇玩物，自己帶去秦國，以子楚的名義託華陽夫人的姊姊送給華陽夫人。他還賄賂華陽夫人的姊姊，讓她傳話說：「子楚聰慧而有德行，廣交天下賓朋，雖身在異邦，卻日夜流淚思念父親和華陽夫人。」同時，讓她不斷提醒華陽夫人：「以容貌得寵之人，年長色衰後就會失勢，只有自己立的太子當了王，才能永保富貴。」華陽夫人被這番話說得心動，就向安國君極力推薦子楚。後來，子楚果真被立為安國君的繼承人。

從商人到相國

子楚被立為繼承人後，呂不韋也被任命為子楚的老師。就在政治前途一片光明之時，意想不到的事情卻發生了：秦昭襄王五十年（前二五七年），秦國派兵圍攻趙國都城邯鄲，惱羞成怒的趙王要殺人質子楚以洩憤。關鍵時刻，又是呂不韋果斷地拿出六百金賄賂守城官，帶著子楚逃回了秦國。

六年後，秦昭襄王去世，安國君繼承王位為秦孝文王，立子楚為太子。僅過了一年，安國君病逝，子楚登上王位，即秦莊襄王。至此，商人呂不韋的政治投資獲得了圓滿成功，而隨之收穫的，是他夢寐以求的豐碩的政治權力。

秦莊襄王元年（前二四九年），呂不韋被任命為戰國七雄中最強國家——秦國的丞相，封為文信侯，以洛陽的十萬戶作為他的封邑。僅僅過了三年，秦莊襄王子楚便去世了，子楚的兒子嬴政（即後來的秦始皇）繼承王位。嬴政年少繼位，尊呂不韋為「仲父」（春秋五霸之首齊桓公對管仲的尊稱），朝政大權掌握在太后和呂不韋手中。至此，呂不韋可謂權傾朝野，達到了政治權力的巔峰。

呂不韋頭腦精明，能力很強。秦莊襄王在位時，曾命他率領十萬大軍征伐陰謀串聯各國反秦的東周公國。他一舉攻克了東周的七座城邑，徹底滅亡了存在幾百年的東周，奪取了大片的土地。同時，他還很重視文學、歷史文獻的整理，曾令門客編纂《呂氏春秋》。《呂氏春秋》又名《呂覽》，收錄當時各家之作一百六十篇，二十餘萬字。該書從開天闢地說起，涉及為人、治國之道以及如何認知事物等，內容十分豐富。司馬遷曾高度評價此書為「備天地萬物古今之事」，甚至將其與《周易》、《離騷》相提並論。

奢靡腐化終致禍

贏得人生中最大「財富」的呂不韋，開始展現他驕縱奢靡的一面。當時，各國王公崇尚養士之風，號稱「戰國四公子」的齊國孟嘗君、趙國平原君、魏國信陵君和楚國春申君，每人都坐擁上千賓客。呂不韋認為，以秦國之強，在養士方面不如別國是很丟人的事，於是他也廣招門客，人數達到三千多人。他還在編好《呂氏春秋》後，將其刊布在都城咸陽的城門上，同時懸起千金置於其側，宣稱：誰能為此書增損一字，就賞他千金。

隨著權力的膨脹，呂不韋被勝利沖昏了頭腦，奢靡腐化越發沒有節制。他不僅吃穿用度靡費，追求最極致的享受，而且絲毫不把年少的皇帝嬴政放在眼裡，背著他與太后通姦。後來嬴政逐漸長大，呂不韋開始為曾經的惡行感到恐懼，他想了一個脫身的辦法，私下找了一個名叫嫪毐的壯碩門客，把他送給太后尋歡，並製造嫪毐已被閹割的假象，以掩人耳目。太后得到嫪毐後非常喜歡，整日與他混在一起，最後竟為嫪毐生下了兩個孩子！而嫪毐也變得極具權勢，很多人為了依附他，甚至不惜淨身進宮做宦官。

這一做法造成了秦國後宮的淫亂局面，使得親政的秦王嬴政再也無法忍耐。他下令清理後宮，以謀反的罪名夷滅了嫪毐的三族，殺了嫪毐與太后的孩子，囚禁了太后。

而與此案有莫大關聯的呂不韋最終也沒能逃脫懲罰。秦王嬴政先是免去了呂不韋相國的職務，緊接著為防呂不韋造反，又賜書嚴斥。已是驚弓之鳥的呂不韋料想自己難逃一死，於是飲毒酒自盡，了結了傳奇的一生。

秦始皇的生父之謎

秦始皇的生父是呂不韋嗎？這一直是民間津津樂道的話題。

據《史記．呂不韋列傳》記載，子楚作為人質留居趙國邯鄲時，與呂不韋相交甚密。一天，子楚到呂不韋家中做客，呂不韋命家中擅長舞蹈的女子（後世稱為趙姬）出來伴宴。當時，這名女子已經懷了呂不韋的孩子。子楚非常喜愛這名女子，向呂不韋討要。呂不韋原本非常生氣，但想到將來的政治回報，還是「下了血本」忍痛將這名女子送給了子楚。這名女子對子楚隱瞞了懷孕之事，後來到了產期，生下了一個兒子——他就是後來的秦始皇嬴政。

秦代銅車馬

一九八〇年冬在秦始皇陵西側出土了兩件銅車馬。本圖為其中的1號銅車馬，車馬通長2.25公尺，高1.52公尺，雙輪單轅，駕四馬。車輿內立十字形傘座，座上插一長柄銅傘。銅製御官俑腰繫條帶，斜佩劍站立在車輿內。

《史記》明確記載了這件事，後世的很多史書也都沿襲了這種說法，《漢書》、《資治通鑒》甚至稱秦始皇為「呂政」。但不可否認的是，《史記》雖為「二十四史」之首，但它的體例較為自由，書中多處收錄神話、傳說、野史等素材。其中記載的秦始皇身世之說生動之餘未免有待考究。

首先，如果懷有身孕的趙姬嫁給子楚，子楚按照懷胎時間來算，不可能分辨不出誰是孩子的生父。

其次，《史記》記載，趙姬本是趙國富貴

人家的女兒（原文為「趙豪家女」）。在趙王追殺子楚的時候，趙姬和孩子被留在了趙國，而正是因為她尊貴的身分，母子才得以在追殺中倖免。然而，擁有這等尊貴身分的千金，又怎會在呂不韋家中伴宴，並任憑他像對待貨物一樣，說送人就送人呢？

千百年來，關於秦始皇生父的爭論從未停歇，史家對此也眾說紛紜、莫衷一是。但可以肯定的是，秦始皇生父為呂不韋的說法，夾雜著民間對秦始皇的怨憤情緒和後世對秦朝暴政的貶損態度。同時，漢朝史家為了樹立本朝滅秦取而代之的正統地位，也存在詆毀秦朝的傾向。

將軍百戰聲名裂

泣血悲李陵

「將軍百戰聲名裂。向河梁、回頭萬里，故人長絕。」辛棄疾的詞字字浸血，詠嘆了漢代極其悲愴又極具爭議的將領李陵。援軍斷絕，一朝兵敗，他的遭遇令人同情；投降匈奴，誓不歸漢，他的選擇又令人不齒。最終，李陵在身敗名裂、全家被誅的痛苦和無奈中客死他鄉，其間是非恩怨，千百年來誰能道清？

將軍請戰捷報傳

漢武帝天漢二年（前九九年）秋天，騎都尉李陵麾下部將陳步樂快馬加鞭趕往長安，手中緊握漢軍對匈奴作戰的最新戰報。見到漢武帝後，陳步樂連報捷訊，詳細陳述了李陵出兵匈奴後的行軍路線和作戰方略，尤其對李陵率兵與敵軍奮勇拚殺的情景大加描述。漢武帝聽後龍顏大悅，立即封賞了陳步樂。群臣也紛紛逢迎，連誇「李陵英勇善戰」，高呼「陛下聖明」。這一戰，就是左右李陵一生命運的「酒泉之戰」。

李陵，字少卿，生於隴西成紀（今甘肅省天水市）。他是漢代名將李廣的孫子，因擅長騎射，愛兵如子，在軍中享有很高的聲望。漢武帝很欣賞李陵，先是將他選為建章宮羽林軍的長官，後來又派他率領八百騎兵深入匈奴領地偵察地形。李陵率兵深入匈奴腹地二千餘里，雖沒有發現匈奴兵，但漢武帝仍將他擢升為騎都尉，命他帶領五千名士兵駐紮在酒泉、張掖一帶練習騎射，防備匈奴。

天漢二年（前九九年），漢武帝派自己的寵將李廣利率兵三萬攻打匈奴，命李陵的部隊為李廣利提供後勤保障。李陵聽後堅決辭謝，並上疏漢武帝說：「臣願率兵迎戰匈奴單于的主力軍，必能大獲全勝！」漢武帝有些驚訝地說：「如今沒有多餘的騎兵撥給你，你要憑五千士兵出戰嗎？」李陵斬釘截鐵地說：「就憑五千士兵！」漢武帝非常讚賞李陵的勇氣，立即答應了他的請求，並令強弩都尉路博德率兵接應。

「酒泉之戰」打響了。起初，李陵的部隊占據上風，他帶領弓箭手用強弩射擊敵軍，殲滅敵兵數千人。捷報傳至長安，滿朝歡喜。匈奴單于見勢不妙，急調八萬騎兵，聯合原來的三萬騎兵共同對抗李陵的部隊。李陵率兵邊戰邊退，令重傷士兵躺在車上，輕傷士兵推車，傷勢再輕些的士兵持兵器作戰，一路又斬殺敵兵三千餘人。

十幾天後，李陵的部隊與匈奴兵在山間林莽中交戰。李陵連發幾箭射擊匈奴單于，單于大驚，慌忙逃走。看到李陵的部隊堅持了這麼久，仍然如此英勇剽悍，單于對部下感慨地說：「這支部隊精銳善戰，久攻不下，日夜引我軍向南方邊塞走，莫非是有伏兵嗎？」言語中流露出退兵之意。但一些部下將領認為：「單于親自率領數萬騎兵對抗數千漢軍，如果不能殲滅，豈不讓漢軍輕視我們？」單于於是決定再戰。兩軍一天交鋒數十次，李陵的部隊又殺死匈奴兵兩千餘人，單于感到形勢不利，於是又考慮退兵。

李陵以五千人敵匈奴數萬人，殲滅敵兵一萬餘人，挫敵威風，令漢武帝和滿朝文武驚喜不已。然而就在此時，李陵的厄運卻悄然而至。

風雲突變的酒泉之戰

單于決定退兵，酒泉之戰本已勝利在望。然而就在這時，李陵軍中一個名叫管敢的軍侯因被校尉侮辱，一氣之下投降了匈奴。這一降，使漢軍戰況急轉直下。

管敢向匈奴兵透露：「李陵的部隊前方沒有伏兵，後方也沒有援軍。如今軍中糧草、箭矢已經瀕臨斷絕，只有李陵和成安侯韓延年各率領八百名士兵前行，用精銳騎兵就可以攻破。」匈奴單于聽後大喜，立即派騎兵圍攻李陵的部隊。李陵的部隊在山谷中行進，匈奴的士兵則在山坡上射箭。一時間箭如雨下，李陵四面受敵。李陵率兵一面迎敵，一面南撤，箭矢用完了，士兵們就用短刀、車輻作兵器，與匈奴兵廝殺。到了傍晚，李陵的部隊退到一個峽谷中。匈奴兵將李陵的退路截斷，然後紛紛向峽谷內投擲亂石。李陵所率的士兵死傷大半，再也沒法行進了……

夜幕降臨，李陵一個人穿著便衣走出營帳，過了很久才回到帳中，對身邊的侍衛說：「敗局已定，我恐怕要葬身此地了！」侍衛勸說道：「將軍威震匈奴，如今是天不遂人願。哪怕是被匈奴俘虜，日後還能想辦法逃回中原，皇帝必會以禮相待的，千萬不要輕言戰死啊！」李陵呵斥道：「你不要說了！我若不死，就不是壯士！」說完，他斬斷戰旗，把軍中攜帶的珍寶埋在地下，然後對軍中士兵們說：「倘若再給我幾十支箭，我必能帶你們突圍。然而兵器已經用完了，我們也沒有兵力再戰了。這樣下去，天亮了只能束手就擒。你們各自逃命吧，希望有人能夠見到皇帝，向他稟報實情。」

到了半夜時分，李陵與韓延年各自率領十幾個壯士突圍，卻被匈奴數千騎兵追擊。韓延年不幸戰死。這時，匈奴兵前來勸降李陵，李陵長嘆一聲：「我沒有面目再見陛下了！」然後投降了匈奴。

李陵終究沒有信守自己戰死沙場的諾言。在兵敗招降之時，倘若他不為所動，拔刀自刎，便成了千古英雄。然而，他選擇了投降這一最為軍人所不齒的歸宿。李陵在前一天還豪言壯語「吾不死，非壯士也」，為何第二天就歸降匈奴了呢？有人說他是貪生怕死，然而他請命率五千名士兵橫掃匈奴，表現的又是何等大無畏的氣概！有人說他是心存不甘，因為他出兵匈奴有方，兵敗之由無非是軍中奸細的出賣以及李廣利三萬大軍的坐視不管。或許，面臨生死抉擇的時候，李陵想起了侍衛的進言，決定先圖自保，日後重返中原再立功業。然而，聽聞李陵投降的漢武帝卻早已將他拒之門外。

從降匈奴到聲名裂

李陵兵敗的消息傳至長安，漢武帝以為李陵為國殉難了，心情沉重地召見了李陵的家人。然而，李陵的家人臉上沒有悲痛之意，反而有羞愧的神色。漢武帝這才聽說李陵投降的消息，頓時大怒，對李陵的家人大加斥責，然後又叫來曾經傳捷報的部將陳步樂，責問李陵投降一事。陳步樂驚恐萬分，回到家中便自殺了。

聽說李陵投降的消息，滿朝文武紛紛進言，斥責李陵有罪。唯有生性剛正又有些書生意氣的太史令司馬遷為李陵說話。司馬遷看到朝臣們在李陵打勝仗時都不吝溢美之詞，而李陵一朝兵敗，群臣就惡言相加，落井下石，不禁為李陵憤憤不平。他對漢武帝說：「李陵向來忠孝，常常為國家大事奮不顧身。他率領不足五千人的兵馬，深入匈奴境內，與數萬大軍作戰，殊死搏殺，挫敵銳氣，即使後來失敗，也不能掩蓋他的英勇之舉。至於他沒有戰死，恐怕是假意投降，以圖日後為漢室效力。」漢武帝聽後不置可否，沒有再追究。

不久後，漢武帝再次派李廣利出兵匈奴，囑咐他請李陵暗中相助。然而，李陵此時已經與匈奴單于結下兄弟情誼，加之對李廣利心存芥蒂，便沒有伸出援手。李廣利無功而返，對漢武帝實情相報，漢武帝聽後震怒，想起司馬遷的「假降」之說更加氣憤，便下令將司馬遷以「大不敬」之罪打入牢獄。家境貧寒的司馬遷沒有錢贖身買罪，最終不幸被處以宮刑。

過了一段時間，漢武帝的憤怒情緒漸漸平復，回憶起「酒泉之戰」時，自己催促李陵出戰，後來又沒有派援軍支援，導致李陵的部隊幾乎全軍覆沒，心中不免內疚。於是，漢武帝派人安撫李陵部隊的倖存士兵，並再次派將領出兵匈奴，同時準備迎回李陵。此次率兵出征的將領是因杅將軍公孫敖。他率部與匈奴兵交戰之後未能取勝，回朝稟報漢武帝說：「據我軍俘獲的匈奴兵稱，有個叫李陵的漢軍將領教他們習武打仗，來對付漢軍，這才使我軍敗下陣來。」這一次，漢武帝再也忍無可忍，盛怒之下將李陵的親人全部誅殺。自此，李陵在隴西身敗名裂，世人皆以之為恥。

然而，這個幫助匈奴兵擊敗漢軍的「漢奸」卻並非李陵，而是與他名字相近的另一名漢朝降將李緒。李陵得知自己被冤枉，家人被誅殺之後，痛不欲生，派人刺殺了李緒。但是，這也只能洩一時之憤，終究於事無補。這次陰差陽錯的誤解使李陵返回漢朝的大門被牢牢關閉了，也使他將功折罪、挽回名聲的希望化為泡影。

二十餘年未踏中原

絕望的李陵無路可走，只好死心塌地地留在匈奴了。匈奴單于因李陵出身將軍世家，作戰異常英勇，對他格外器重，還將自己的女兒指婚給李陵。李陵接受了單于的恩賜，並出任匈奴的右校王，自此成為與投降匈奴的丁靈王衛律[22]地位相當的重臣。

李陵與當時被扣留在匈奴的漢朝使臣蘇武[23]舊時相識，單于便派李陵前去勸降蘇武。李陵來到蘇武牧羊的北海（今西伯利亞貝加爾湖），對蘇武說：「你的母親去世了，妻子改嫁他人，

22 衛律：長安人，曾為漢朝出使匈奴，受李延年滅族事件影響出逃匈奴。
23 因護送在漢匈奴回國被囚禁扣留。

兄長和兒子也因為觸犯律法而自殺。如今你在漢境已經沒有親人，可謂了無牽掛。現在已年邁的武帝猜忌心很重，即使你回去，他也未必相信你的忠心。不如投降匈奴，在這裡度過餘生吧。」蘇武聽後堅定地說：「我世世代代受漢室的恩澤，做為漢朝使臣，必當全力以赴，不辱使命。讓我投降匈奴，不如直接殺了我吧！」李陵頓時感到無地自容，羞愧地嘆道：「蘇武真是忠義之士！像我和衛律一樣的叛臣，簡直是罪大惡極！」他流著淚向蘇武道別，並讓妻子送牛羊給蘇武。後來，漢武帝駕崩，李陵向蘇武轉達了這個消息。蘇武聽後放聲大哭，朝著南面頓首拜祭，因為悲傷過度，口吐鮮血，險些葬送性命。李陵不禁感慨萬分，羞赧不已。

　漢昭帝即位後，與李陵有舊交的大將軍霍光和左將軍上官桀曾派人去匈奴迎接李陵回朝。然而，李陵無奈地說：「我已經是匈奴人了。回朝固然容易，但恐怕再

蘇武牧羊圖

受侮辱，大丈夫不能一再受辱了……我決定留在匈奴，終生不再回去。」

漢昭帝始元六年（前八一年），蘇武終於得以回朝。李陵淚流滿面地為蘇武送行，想起自己的命運，無限感傷。「徑萬里兮度沙幕，為君將兮奮匈奴。路窮絕兮矢刃催，士眾滅兮名已潰。老母已死，雖欲報恩將安歸？」李陵嗚咽地詠出這首詩，是在為蘇武高興，更為自己難歸故土、一生坎坷的命運而悲痛欲絕。

成為匈奴的將領後，李陵並未幫助匈奴損傷漢軍。漢武帝征和二年（前九一年），匈奴入侵漢境，漢武帝派遣李廣利、商丘成率兵出戰。漢軍班師而還時，匈奴單于派李陵率領三萬匈奴兵追擊商丘成的部隊。然而，李陵率軍與商丘成大戰九日，卻被殺得片甲不留，倉皇而歸。正史記載李陵出戰漢軍的戰例僅此一例。以李陵的作戰才能，不至於敗得如此慘重，因此後人多認為，這是李陵顧及故土，有意敗北。

李陵的一生，雖然並沒有做出有損漢朝利益的事情，但是他的投降終究沒有得到時人與後代人的諒解。人們常將李陵與蘇武對比，以顯示忠貞氣節的不同。漢昭帝元平元年（前七四年），李陵死在匈奴。在投降後的二十餘年間，他沒有再踏入中原一步。

漢武帝晚年的悔與痛

巫蠱之禍

如果有人問，漢武帝一生中最遺憾和悔恨的事情是什麼？答案不是開疆拓土壯志未酬，也不是治國理政有願未平，更不是舞榭歌臺有酒未消，而是一場「巫蠱之禍」，以及他因此失去的兒子、妻子和皇孫。

晚年多疑的漢武帝

漢武帝劉徹，西元前一四一年登基，西元前八七年去世，在位時間長達五十四年。他統治的前期和中期可謂漢朝的鼎盛時期，國家統一，政局穩定，經濟強盛，政治清明。然而到了晚年，這位聖明君主的執政能力卻開始下降。

晚年的漢武帝志得意滿，寵倖佞臣，聽不進忠言逆耳的諫諍。他的獨裁思想越發嚴重，對群臣無端猜忌，而且偏執嗜殺，動不動就將冒犯自己的臣子滅族，興起了數次株連萬人的慘案。

漢武帝晚年曾一連誅殺了李蔡、莊青翟、趙周、公孫賀、劉屈氂五位當朝丞相，弄得當時的朝臣人人自危，無人敢出任「丞相」一職。

據正史記載，當漢武帝決定任命公孫賀為丞相時，公孫賀死活不肯接受印綬，跪地痛哭著祈求說：「臣是從邊遠地區來的，憑藉騎馬射箭當上了官，能力有限，實在當不了丞相啊！」漢武帝命左右「扶起丞相」，公孫賀還是不肯起身。漢武帝大怒，拂袖而去。公孫賀無奈之下，只好當了這個丞相。結果沒過多少年，公孫賀就因兒子犯罪被株連入獄，活活凍死在獄中，其

漢宮春曉圖（局部）

明人仇英所繪。圖中除華麗的亭臺樓閣外，於殿宇下所勾勒的嬪妃生活尤為鮮活。圖中的嬪妃或伏案讀書，或閒談、奏樂、繪畫、刺繡等，皆各具姿色，生動傳神。

家族也被誅滅。

晚年的漢武帝還越發迷信鬼神，整日求仙煉丹，行事荒唐。他組織很多妖巫術士為他建造樓臺、煉丹製藥，希望自己能夠長生不死。有一名叫李少君的術士告訴漢武帝，祭灶可以招來鬼神，鬼神來了就可以把丹砂煉成黃金，使用由這種黃金做的餐具用餐，有延年益壽的作用。漢武帝對他的話深信不疑，親自行祭灶禮，沉溺於把丹砂變成黃金的「神話」，還派遣術士到海中尋訪仙人。後來李少君死了，漢武帝認為他是成仙了，竟然派人去尋找。類似的荒唐事數不勝數，其結果是漢武帝身邊走歪門邪道的人越來越多，而他自己也越來越疑神疑鬼。

「巫蠱之禍」始末

漢武帝晚年的昏聵、猜忌、疑神疑鬼，最終釀成了他執政後期最嚴重的一場禍亂——「巫蠱之禍」。

所謂「巫蠱」指的是一種巫術，「巫」指祈求鬼神加害於人，「蠱」則是使人受迷惑，昏狂失性。用巫蠱之術害人的方式很多：有的用桐木刻成仇人形象，然後刺心釘眼，希冀以此禍及仇人；有的假裝鬼神附體，藉以欺騙或恐嚇他人……巫蠱本是一種荒唐的迷信風俗，但在蒙昧的古代，它卻是人人忌諱的致命妖術。漢代「巫蠱」之風盛行，並從民間傳入皇家，宮中一些妃子和宮女為了爭寵，也常用這種辦法詛咒他人。

漢武帝到了晚年，身體狀況每況愈下，經常耳不聰，目不明，精神恍惚。迷信的漢武帝認為這是有人暗中詛咒他，因此對「巫蠱」一類的妖術非常反感，一旦發現便嚴厲懲辦。於是，不少小人藉此大做文章，陷害無辜。佞臣江充是漢武帝身邊的寵臣，平日為非作歹，肆意妄為。正直的太子劉據對他的所作所為一直非常不滿。江充擔心太子即位後會懲辦自己，便向漢武帝進讒言，說：「您的病不見好轉，是因為宮裡有『巫蠱』之氣詛咒您。」憤怒的漢武帝立刻派江充去調查，並下令按道侯韓說、御史章贛、內侍蘇文等一干小人協助江充。

江充帶人闖入太子宮中，四處搜尋、挖掘，卻一無所獲。為了誣陷太子劉據，江充趁人不注意，悄悄拿出事先準備好的木頭人，大肆宣揚說：「在太子宮中挖掘出來的木頭人最多，還發現了太子書寫的帛書，上面寫著詛咒皇上的話。我們應該馬上奏明皇上。」太子劉據見狀，備感冤屈，便想去漢武帝避暑的甘泉宮當面解釋。太子少傅石德連忙勸阻說：「皇上原本就忌諱『巫蠱』，您就是去了恐怕也說不清。況且皇上現在遠在甘泉宮，皇室之人都不被允許去探望，是生是死都不清楚。為今之計，不如先把江充等人抓起來審問。」聽完這席話，劉據立即命人去抓捕江充等人。於是，江充被捕，並以謀反罪被斬首示眾；按道侯韓說拒捕被殺；然而，御史章贛卻僥倖脫逃了。

章贛一口氣逃到甘泉宮，向漢武帝誣告太子謀反。盛怒之下的漢武帝不分青紅皂白，便下令丞相劉屈氂率兵捉拿太子。太子劉據見有人逃脫告密，自知禍事將至，於是面見母后衛子夫，痛陳事情原委。衛子夫聽說皇帝派兵來捉拿自己的兒子，立即下令打開未央宮的武庫，發放兵械給支持太子的百姓，並將京城的囚犯武裝起來，準備對抗皇帝的征討部隊。為了贏得京城官民的支持，太子劉據昭告全城說：「皇上在甘泉宮養病期間，奸臣作亂謀反，請大家與我合力剿滅叛軍！」接著，太子劉據又去徵調胡人軍團與北軍，但胡人軍團早接到了漢武帝的命令，正準備鎮壓太子叛亂；北軍監護使者任安則明哲保身，接受了太子印後卻閉門不出。一時間，文武百官與京城百姓也難辨是非，形勢一片混亂。

皇帝的征討軍隊與太子的軍隊在京城大戰數日，雙方死傷了數萬人。但太子的臨時武裝畢竟敵不過皇帝的正規軍，最終兵敗。太子劉據帶著自己的兩個兒子倉皇逃出城外，躲在湖縣（今河南省靈寶市）的一個平民家裡。皇后衛子夫在宮中上吊自盡。

千古一場父子悲

漢武帝聽說太子逃脫以後非常憤怒，下令舉全國之力搜捕太子。滿朝文武見狀都不敢上前為太子申冤。一位名叫令狐茂的賢明老者聽聞太子之事後，給漢武帝上疏說：「我聽說父慈母愛，孩子就會孝順；父子不和，家室就要喪亡。這次的事，太子並非不孝，而是做父親的失察。太子有冤卻不能向您辯白，不申辯又會被亂臣所害。太子不忍憤憤之心，殺了江充。後來子盜父兵，也是為了自保。我認為太子並無謀反之心，請您明察。」

漢武帝聞此勸說，幡然悔悟，於是下令不得傷害太子。但是，一切為時已晚。太子躲藏的地點被當地縣官發現後，縣官立即帶兵捉拿太子。太子劉據無處可逃，於是在民房之中上吊自盡。劉據的兩個兒子也被前來捉拿的官兵一併殺死。就這樣，一場「巫蠱之禍」上演了一齣令人唏噓的父子相殘慘劇。

太子已死的消息傳來，漢武帝痛苦不堪。這次由「巫蠱」引發的禍亂，使他失去了一位結髮半生的妻子、一位仁厚孝順的兒子，還有兩個年幼的皇孫。

不久，朝臣車千秋直言犯諫為太子辯駁。漢武帝派人調查，才知道太子從來沒有參與過「巫蠱」之事，這一切都是江充搞的鬼。悲痛欲絕的漢武帝下令族滅了江充全家，把從犯蘇文綁在橋上活活燒死，將逼死太子的人也全部滅族。同時，漢武帝還將直言為太子平反的車千秋連升九級，提拔為大鴻臚。漢武帝對太子的冤死始終無法釋懷，於是建造了一座叫「思子宮」的宮殿，又在太子被害的地方建造了一座高臺，取名「歸來望思之臺」。天下百姓得知此事，莫不為之唏噓感嘆不已。

悔恨與悲痛糾纏著年邁的漢武帝，直至他去世。在生命的最後歲月裡，漢武帝深刻地反思了自己晚年的過失，並以前無古人的胸襟，頒布了中國歷史上第一道皇帝自責的詔書——《輪台罪己詔》。詔書的最後一句說道：「朕即位以來，所為狂悖，使天下愁苦，不可追悔。至今事有傷害百姓、靡費天下者，悉罷之。」

被餓死的「和尚皇帝」

南朝梁武帝

「和尚」與「皇帝」兩個不同的身分在南朝梁國的開國皇帝梁武帝身上奇妙地結合在了一起。他是中國古代帝王中少有的才子，也曾勤政愛民，卻最終一心向佛，看破紅塵。他不是昏君，卻被叛軍活活餓死，落得了荒唐可嘆的結局。

文武兼備的梁武帝

南北朝時期，南朝第三個王朝「梁」的開國皇帝蕭衍，字叔達，南蘭陵中都里（今江蘇省常州市）人。蕭衍出生在南朝的「齊」國時期，相傳是漢代名相蕭何的後代。他的父親蕭順之是齊高帝的族弟，曾經做過侍中、衛尉等高官。

由於家庭背景優越，蕭衍官運亨通，一路青雲直上，還被賜予了封地。與一些出身官宦世家的紈絝子弟不同，蕭衍具有出色的政治和軍事才能。南齊建武二年（四九五年），北魏孝文帝出兵數十萬攻打南齊，齊明帝蕭鸞派遣蕭衍等將領率兵迎擊。兩軍對陣義陽，因北魏的軍隊兵強馬壯，聲勢浩大，南齊的將領畏懼不前，沒人敢去迎戰。此時，蕭衍卻主動請戰，願為先鋒。他帶領部隊趁夜色趕到距敵營僅有數里的山上遍插旗幟，虛張聲勢。天一亮，北魏的軍隊看到滿山旗幟，以為中了埋伏，陣腳大亂；南齊的軍隊見狀以為援兵已到，士氣大增，立即大舉進攻。蕭衍帶領軍隊從後方包抄敵軍，使得北魏軍隊腹背受敵，大敗而逃。

赫赫戰功讓蕭衍獨步朝中。齊明帝死後，其子蕭寶卷繼位，即歷史上著名的「東昏侯」。蕭寶卷荒淫無道，引得朝野不滿。蕭衍借機起兵，推翻了蕭寶卷的統治，擁立齊明帝的另一個兒子蕭寶融為帝，即齊和帝。沒過幾年，蕭衍又逼和帝退位，自己當了皇帝，改國號為梁，蕭衍便是梁武帝。

蕭衍不僅能征善戰，而且才情出眾，博古通今。他自小受到良好的教育，機敏好學，天資聰慧，詩書畫藝樣樣精通，與同時代的沈約、謝朓、范雲等著名文人共稱「八友」。即使後來做了皇帝，蕭衍也常常手不釋卷，秉燭苦讀。他精通儒學，寫過《孔子正言》等儒學理論二百餘卷。臣子在學問上有不明白的地方，都會來請教他。

蕭衍對史學也有自己的見解，他命人編修了六百卷《通史》，打破傳統的編年體形式，另立新格。他寫詩撰文下筆成章，文采飛揚，「超邁古今」。他的書法兼通草書和隸書，「莫不奇妙」。他還是圍棋高手，棋藝超群。更奇的是，甚至連占卜算卦他也很在行。

如此文武兼備、多才多藝的一位帝王，本該成為一代明君，然而，梁武帝卻做出了「愛江山更愛佛門」的選擇。

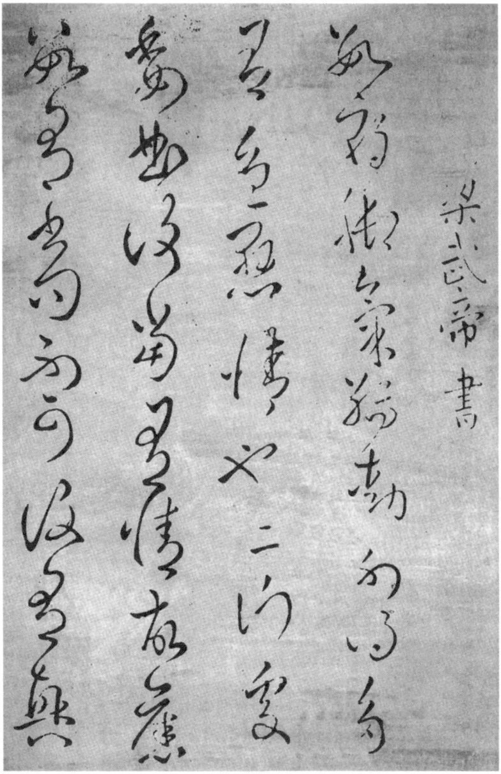

梁武帝蕭衍書《數朝貼》

愛江山更愛佛門

梁武帝執政之初，勤政愛民，孜孜不倦。他常常通宵達旦地批閱奏章，到了冬天，夜晚秉燭辦公，手都被凍裂了。他還大力提拔清正廉明的官員，善於納諫，時常關心百姓的疾苦。

梁武帝的生活非常節儉：每天只吃一頓飯，飯菜沒有大魚大肉，只是一些粗糧和蔬菜而已；政事繁忙的時候，他只是順口喝些稀飯充饑。他常年穿粗布做的衣服，一頂帽子戴三年，一床被子蓋兩年。梁武帝五十歲以後便斷絕了房事，他的妃子們也都衣飾簡樸，不尚奢華。他不喝酒，不好樂舞，不到慶典絕不娛樂放鬆。他注重威儀，衣冠不整絕不見人，甚至盛夏也不袒胸露背。他待人接物謙恭得體，哪怕是見卑微的人，也會如同接待貴賓一般鄭重。

在如此出色的皇帝的統治下，南梁的社會風貌有了很大的好轉，經濟得到了恢復，社會秩序逐漸安定下來，人民的生活日漸富足。也是在這樣一位多才多藝的皇帝的帶動下，社會開始崇尚文化，開創了自魏晉以來最好的社會文化局面。

長此發展下去，梁武帝一定會成為後世人眼中的「聖主」。但是後來，他卻成了歷史上第一位「和尚皇帝」。

自漢代以來，佛教開始在中國傳播，到了南北朝時期已經廣為發展，百姓藉信教以求苦中作樂，皇室中也有不少人信奉佛教。而梁武帝不知何時迷戀上了佛教，並一發不可收拾。

梁武帝並不像很多尊佛的皇帝一樣是表面造勢，他是真心地信奉，虔誠地皈依。他大量閱讀和研究佛經，親自注解佛經，闡述經義。《南史・梁武帝紀》中記載，他「製《涅》、《大品》、《淨名》、《三慧》諸經義記，復數百卷」。梁武帝以其聰明才智，很快掌握和參透了很多佛學的精義，還開壇設場講解佛法，吸引了眾多的高僧和信徒。

如果這是一位佛家高僧所為，那他一定會名垂千古，但梁武帝的身分是一國之君，如此狂熱地崇信佛教就未免有諸多荒唐之舉。在佛學裡越陷越深的梁武帝不惜斥鉅資在全國內大建寺廟，甚至在自己的宮殿中也設立佛堂，日夜供奉。他還令自己的子女以及文武百官信奉佛教，一時間，全國上下香火鼎盛。

梁大通元年（五二七年），梁武帝來到同泰寺禮佛，一心皈依的他竟然臨時決定「捨身」出家。這可急壞了滿朝的大臣，於是大家一起來到同泰寺，死說活說才把皇帝勸了回來。誰想，回宮的梁武帝覺得這樣還俗不合佛法，又再次「捨身」出了家。無可奈何之下，大臣們只得給佛寺捐巨款，為皇帝「奉贖」。據記載，梁武帝幾次出家還俗，花費高達四萬萬錢（四億錢）。這筆鉅資掏空了國家的財庫，也加重了百姓的負擔。

整日沉浸在佛學世界的梁武帝再也沒有那麼多時間處理政務了。在他統治的後期，朝政荒廢，綱紀鬆弛，奸臣並起，國力衰落。終於，在叛臣引發的「侯景之亂」中，荒唐的梁武帝也走到了人生的盡頭。

被餓死的「和尚皇帝」

梁武帝一心禮佛，自然對國家的隱患疏於防範。

梁武帝太清元年（五四七年），東魏的大將侯景率部投降。侯景其人，陰險狡詐，為人凶悍，毫無信義可言，早在東魏之時就作亂一方。面對這等人的投靠，朝中很多大臣力諫拒絕，但以

「慈悲為懷」的梁武帝並不介意，還給侯景加官晉爵。

侯景降梁後沒多久就暴露了本性，率部以「清君側」的名義起兵反叛。由於沒有做防範，南梁的軍隊屢戰屢敗，城池接連被攻破。太清三年（五四九年），梁的首都建康（今南京）被叛軍攻克。侯景帶著兵士闖入宮中，見到了此時已「看破紅塵，心靜如水」的梁武帝。

梁武帝從容地問侯景：「你從軍這麼久，不累嗎？」

侯景沒想到皇帝竟然如此神色自若，氣定神閒，著實被梁武帝的「出世」氣質震撼了，嚇得汗流浹背。

梁武帝又問：「你是哪裡人？敢跑到這裡來！」

凶殘成性的侯景竟然嚇得說不出話。退出宮後，侯景對旁邊的人說：「我身經百戰，出生入死，從來都是意氣安穩，沒有一絲懼怕。今天見到蕭公，令人震畏，這難道是天威不可侵犯嗎？我不敢再見他了。」

梁武帝的「天威」震懾住了叛亂的侯景，卻改變不了被敵人俘獲的命運。侯景並沒有打算親手殺了梁武帝，而是將他軟禁在宮中，斷絕了正常的衣食供給。

然而就在這種危難的環境下，梁武帝仍然「癡心不改」，每日齋戒不廢，哪怕病重得不能進食，也要像往常一樣洗漱膜拜。

就這樣，沒過多久，在饑餓、憂憤和病魔的多重折磨下，八十六歲的「和尚皇帝」閉眼西去，結束了他傳奇的一生。

北魏王朝的殘酷祖制

子貴母死

在中國古代的帝王之家，兒子被立為皇儲，當母親的一定喜不自勝，從此「母憑子貴」，盡享富貴榮華。然而在南北朝時期的北魏皇室中，後妃們卻天天祈禱不要生下皇子，因為自己的兒子一旦被立為太子，她就將走上死路……

殘酷的「子貴母死」制度

北魏是鮮卑族建立的北方政權。入主中原之前，鮮卑族首領繼承人的冊立和即位往往有賴於母族的強大。這種「母強子立」的體制一直持續到北魏的開國皇帝道武帝拓跋珪繼位。

道武帝繼位後，積極擴充領土，於西元三八六年建魏稱王，並於三年後遷都平城（今山西省大同市）稱帝。頗有遠見的道武帝拓跋珪意識到，先前的部落體制已經不再適用，北魏需要有超越一切的專制君權。而在「母強子立」的制度下，「母權」對皇權的威脅是極大的。為此，道武帝痛下決心，創制了殘酷的「子貴母死」制度：一旦選擇了某位皇子為儲君，那麼這位皇子的生母就要被賜死。制度一經設立，道武帝便賜死了太子拓跋嗣的母親劉貴人。

年少的太子傷心得號啕大哭。道武帝卻對他說：「我之所以這樣做，是為了不讓婦人以後干預政權，令外戚勢力作亂。你要把這種方法繼承下去。」旁邊的大臣也連忙說：「是啊，古代聖君也是這樣做的。」大臣此言指的是漢武帝賜死鉤弋夫人一事。漢武帝晚年想冊立鉤弋夫人所生的皇子劉弗陵為繼承人，又擔心自己死後皇帝年幼，太后容易秉政禍亂朝廷。於是，為了皇權的穩固，漢武帝狠心賜死了年輕貌美的鉤弋夫人，以絕後患。

就這樣，已有「先例」的「子貴母死」制度作為北魏的祖制被傳承下來，直至北魏滅亡。

一設一廢兩悲劇

然而，「子貴母死」這種極端的制度並沒有收到應有的效果。小皇帝的生母被賜死，便需要有其他的女性來照顧他。於是，北魏出現了奇特的三位「皇太后」並存的局面。

一位是皇帝的生母，皇帝即位後追封被賜死的母親為皇太后；另一位是皇帝的養母，她們對皇帝有養育之恩，也會被封為皇太后；最後一位更為奇特，按照北魏拓跋氏的古制，皇帝的妃子需要親手鑄造一個金人，只有鑄造成功的才有資格被選為皇后，於是在前朝鑄造金人成功而被選為皇后的人（非皇帝生母）到了後一朝，便理所當然地被奉為皇太后了。

在這種制度下，後兩位「皇太后」仍然擁有左右皇權的能力，因此使「子貴母死」制度的效力減弱。又因為這項制度對於每朝的皇帝來說都是一場生離死別的噩夢，所以北魏不少皇帝都想廢掉它。著名的北魏孝文帝就曾因不忍殺死自己寵愛的貴人林氏而向祖母馮太后苦求廢掉祖制，但沒有得到應允。直到北魏第八位皇帝宣武帝元恪[24]在位時，因篤信佛教，不忍殺生，於是斷然宣布廢除這項制度。但宣武帝的好心最終卻導致了北魏的滅亡。

宣武帝不忍心殺死的是皇子元詡的母親胡充華[25]。宣武帝死後，胡太后利用皇帝年少，獨攬大權，不僅在國內大興土木，建造佛寺，而且重用佞臣，豢養情夫，攪得朝廷烏煙瘴氣。最後，窮凶極惡的胡太后竟然毒死了自己的兒子孝明帝。太后的惡行激起了群臣的反抗，後來她終被勤王之師（皇帝有難時前來救援的部隊）誅殺。然而經過這一番折騰，北魏的氣數已經完全耗盡了。

24 孝文帝時將姓氏從拓跋改為元。
25 充華：北魏最低等的嬪級名稱。

風華絕代的「巾幗女官」

上官婉兒的苦樂人生

上官婉兒是中國歷史上少有的集智慧與美貌於一身的女性。她遊走於前朝後宮的權力漩渦中，深得兩朝皇帝寵信，一度是執掌大權的「巾幗首相」。她以風華絕代、文采卓然的非凡魅力，讓多少風雲人物拜倒在她的裙下。然而，她終成為權力刀鋒上的祭品。這段苦樂交織的人生，亦成為令人喟嘆的傳說。

深受寵信的「巾幗女官」

唐高宗麟德元年（六六四年），上官婉兒出生在陝州陝縣（今河南省三門峽市）。史書記載，上官婉兒的母親鄭氏在懷胎時，曾經夢見一位巨人給她一桿大秤，說：「將來必生貴子，執掌大權，權衡天下。」上官婉兒降生後，鄭氏看到是個女孩，便笑著說：「妳將來能權衡天下嗎？」襁褓中的上官婉兒竟咿呀相應。

由於祖父上官儀獲罪，上官婉兒剛一出生就隨母親鄭氏被發配到掖庭為奴。上官婉兒自幼聰慧機靈，擅長寫詩作賦，又生得貌美如花，端莊秀雅，漸漸在宮中小有名氣。上官婉兒十四歲時，武則天因聽聞她才貌雙全而召見她，並命她當場寫作文章。上官婉兒文思泉湧，一氣呵成，令武則天大加讚賞。從此，上官婉兒被免去奴婢身分，留在武則天身邊負責協助起草詔書等文字事務。

憑藉過人的才識和出眾的政治能力，上官婉兒逐步獲得了武則天的信任。聖曆元年（六九八年），武則天開始讓上官婉兒參與奏章的處理和決策。

自此，上官婉兒越發顯示出超凡的政治才能。她對百官奏事多能提出自己的見解，而且常常與武則天的判斷不謀而合。上官婉兒還能準確地揣測武則天內心的想法，有時武則天尚未明示，她已將事情辦理妥帖。這使得武則天對上官婉兒更加倚重。後來，武則天將很多奏章都交由上官婉兒處理，自己只是最後批示而已。

後人常言，武則天一生最信任的人實為上官婉兒。她對自己的子女都能忍心殺害，卻捨不得殺上官婉兒。相傳，武則天退位後，平日裡有兩大樂趣：一是聽上官婉兒朗誦詩詞，二是向上官婉兒傾訴心事。

上官婉兒與武則天的生平驚人地相似，同為十四歲進宮，同樣侍奉兩朝皇帝，又同是在先皇去世後被繼任皇帝迎回宮中。武則天死後，唐中宗李顯將上官婉兒迎回宮中，封為「昭容」，仍掌管詔書事宜。「昭容」的地位僅次於皇后一人和妃子三人，位列「九嬪」第二。後來，上官婉兒的母親鄭氏也被封為「沛國夫人」，可見中宗李顯對上官婉兒的寵信。

身處宮廷三十餘年，上官婉兒幾乎取悅了所有的「重量級人物」，可謂八面玲瓏。她不僅贏得了兩朝皇帝的寵信，還盡力協調好與李姓、武姓子女的關係。她與相王李旦、太平公主情同手足，與武三思及其兄弟也交情甚好。朝中許多大臣也十分敬重上官婉兒，將其尊為「內宰相」。可以說，上官婉兒雖無丞相之名，卻有丞相之實，也算應驗了母親鄭氏的那個夢。

權力刀鋒上的祭品

常言道：「伴君如伴虎。」做為距離皇帝最近的女官，上官婉兒不可避免地捲入宮廷爭鬥的漩渦中。儘管她工於處世，但終究沒能逃出成為權力犧牲品的悲劇。

據《舊唐書》、《新唐書》記載，武則天當朝，上官婉兒曾因忤逆武則天犯了死罪，本該誅殺，但武則天憐惜其才華，竟不忍心殺她。後來，上官婉兒被處以「黥面」（在面部刺字）之刑，額頭上留下了不可磨滅的印記，嬌美的容貌從此被毀。

關於上官婉兒忤逆武則天的具體原因，正史沒有交代，野史中主要有兩種說法：一說是上官婉兒看不慣武則天豢養男寵的行為，曾私自把其男寵張昌宗關在宮門外，致使張昌宗一怒之下燒了宮殿；另一說是上官婉兒與武則天的男寵張昌宗調情，被武則天撞見，武則天大發雷霆。上官婉兒被「黥面」後，再也不梳妝打扮，自此素面朝天。

唐中宗時，上官婉兒與韋皇后、武三思一派勢力較為親近。中宗李顯懦弱無能，韋后與武三思便大權獨攬，幾乎架空了中宗的權力。上官婉兒審時度勢，站在了韋后一邊。同時，她還力勸中宗提升韋后的女兒安樂公主的地位，並慫恿韋后、安樂公主效仿武則天奪權。

這一切引起了太子李重俊（中宗的第三子，非韋后所生）的強烈不滿。他集結自己的力量，於景龍元年（七〇七年）起兵討伐韋后一派，殺死了武三思及其子，並衝進肅章門，要求中宗交出上官婉兒。上官婉兒急忙跑到中宗和韋后的身邊，故意激怒他們說：「太子今天的意思，是要先殺了婉兒，然後再殺陛下和皇后啊！」中宗和韋后聽後大怒，便帶著上官婉兒和安樂公主逃到了玄武門，命羽林衛剿殺太子逆黨。太子兵敗被殺，上官婉兒暫時得以無事。

然而好景不長，太子死後，韋后和安樂公主的野心日益膨脹，急不可耐地籌畫篡位。上官婉兒再次審度時勢，認為以韋后的能力難成大器，即便陰謀得逞，恐怕早晚要敗事。為了不受牽連，她又策略性地傾向了太平公主的勢力。

景龍四年（七一〇年），中宗李顯突然駕崩，這是包括上官婉兒在內的所有人始料不及的。

史書明確記載，中宗是被韋后與安樂公主毒殺的。上官婉兒預感到，韋后如此玩火自焚，末日將近，自己也難得善終。這時，她想到一個自救的辦法，那就是與太平公主一同擬一份中宗遺詔，在遺詔中為李姓子弟爭取利益，打壓韋后的勢力。於是，溫王李重茂被立為太子，韋后攝政，相王李旦輔政。

野心勃勃的韋后自然不滿足，加緊了篡位的步伐。為阻止韋后的陰謀，太平公主聯合臨淄王李隆基一同起兵，殺了韋后與安樂公主。身為同黨，上官婉兒也在被討伐之列。李隆基的手下劉幽求率兵衝進上官婉兒的住處時，上官婉兒帶著宮女手捧蠟燭出門相迎，並親自將自己起草的中宗遺詔拿給劉幽求，證明自己為李唐天下盡了心。劉幽求果然被感動，向李隆基求情，然而終究沒有得到李隆基的同意。

這天夜裡，上官婉兒被殺，享年四十七歲。

風華絕代的第一才女

集美貌、才情和智慧於一身的上官婉兒，是唐朝最具魅力的女性之一。即使她為了生存而墮落，犧牲了道德的底線，甚至參與爭權，禍亂朝政，也沒有減少眾人對她的癡迷。據史書記載，章懷太子李賢、唐中宗李顯、梁王武三思，甚至臨淄王李隆基都曾傾慕或深愛上官婉兒，當朝才子文人為她傾倒的更是不計其數。

上官婉兒剛進宮時，與當時的太子李賢相識。當時，上官婉兒才十幾歲，李賢二十四歲。野史記載，兩人相互傾慕，有過一段感情。然而，太子李賢與武則天不和，不久被廢。而這份詔書正是上官婉兒一字一句親筆擬寫的。在愛情與權力之間，上官婉兒選擇了後者。

武則天的第三子李顯自少年時代就喜歡上官婉兒。李顯被立為太子後，上官婉兒蓄意與李顯親近，使李顯對她更加癡迷。後來，上官婉兒又與武三思走到一起，正史明確記載為「淫亂」。為了自己與武三思的前途，上官婉兒又把武三思推薦給韋皇后。這也是上官婉兒

唐代宮樂圖

本圖描繪後宮嬪妃、侍女十餘人，圍坐在一張巨型方桌周圍，團扇輕搖，品茗聽樂，意態悠然。

成為韋后同黨的直接原因。

唐中宗時，上官婉兒備受皇帝寵愛。她向中宗提議設立修文館，廣納朝中才子文人前來賦詩。才子們寫作的詩賦，都由上官婉兒親手評定，名列第一等的人賞賜金爵，榮耀無比。上官婉兒自己也寫出了許多獨具匠心、文辭優美的詩篇。在修文館的諸多才子中，崔湜引起了上官婉兒的注意。上官婉兒愛慕其詩才，很快就與崔湜有了私情。

《舊唐書》和《新唐書》均記載，上官婉兒因與崔湜私通，特向中宗請求搬到宮外居住。中宗竟答應了她，還為她建了一座豪宅。

據野史記載，李隆基自幼對上官婉兒也很仰慕。只因一次無意間看見上官婉兒與武三思淫亂，李隆基才由愛生恨。後來，李隆基登基後，懷念上官婉兒的文才，還特命人收集其詩文，編輯成冊。

精心謀劃的血腥屠殺

胡藍之獄

「胡藍之獄」是明朝初年一場驚心動魄的大案，前後歷經十四年，株連被殺者多達四萬五千餘人。明太祖朱元璋借此案幾乎清除了所有的開國功臣，製造了「狡兔死，走狗烹」的千古悲劇。

「罪有應得」的胡惟庸

明朝建立前，胡惟庸曾跟隨朱元璋征戰，但一直默默無聞。朱元璋選任丞相時，曾經向堪比張良的文臣劉基徵詢合適的人選。提及胡惟庸時，劉基說：「胡惟庸是最糟糕的人選，就像一匹劣馬，讓牠來駕車一定會闖禍。」可見胡惟庸品行、能力都不過關。

然而，他憑藉善於奉承的功夫，居然爬到了左丞相的高位，成為獨攬大權的第一號重臣。

胡惟庸大權在握後，日漸獨斷專行。他經常在不稟報皇帝的情況下，擅自決定朝廷官員的升遷乃至生殺大事。胡惟庸還籠絡了一批文武大臣，形成一個權力集團，同時對內招兵買馬，對外勾結塞外蒙古兵，以圖謀反。

明太祖洪武十三年（一三八〇年）正月，當朝丞相胡惟庸向明太祖朱元璋奏報，說自己府內的井中甘泉噴湧，請皇帝移駕觀賞。朱元璋聽後大喜，以為是祥瑞之兆，便下令前往丞相府。龍駕剛出西華門，路邊突然衝上來一個小太監，攔住了皇帝的車馬。這一大不敬的行為惹得朱元璋龍顏大怒，立即命人將這個太監拖到一邊痛打。小太監的右手被打斷了，仍拚命指著一個方向。朱元璋這才意識到事有蹊蹺，順著小太監所指的方向望去，竟是胡惟庸的府第。他趕忙返回，登上城樓一看，胡惟庸府裡兵馬刀槍林立。朱元璋立即下令抓捕胡惟庸，嚴審罪行。告發胡惟庸的小太監名叫雲奇，是西華門的內侍。這一幕就是《明太祖實錄》中明確記載的「雲奇告變」。

「雲奇告變」發生後，胡惟庸的同黨、御史中丞涂節進一步揭發胡惟庸謀反，並舉出證據。同年，朱元璋以「擅權植黨」的罪名殺了胡惟庸，並抄家滅族。然而，「雲奇告變」引起了後世史學家的質疑。

首先，胡惟庸謀反既然被朱元璋親眼所見，罪名怎麼會只是「擅權植黨」，而沒有涉及謀反的罪行？其次，朱元璋登上城樓看到胡惟庸府上有造反情勢，顯然不合常理。一則丞相府中情況怎能讓人從城樓就看見，二則就算真能從城樓看清丞相府，胡惟庸怎會傻到大張旗鼓地造反（刀槍林立）呢？再次，胡惟庸謀反之事被西華門內侍得知的可能性極小，而這一內侍又恰巧在皇帝赴險的途中出現，更是匪夷所思。

山雨欲來風滿樓

然而令人沒有想到的是，這竟是一場血腥屠殺的開始。明太祖朱元璋利用胡惟庸一案織成一張「罪網」，將越來越多的臣子網羅進來。

胡惟庸死時的罪名是「擅權植黨」，不久後則升級為「通倭通虜」。憑藉這個罪名，所有的「胡黨」都受牽連被誅。幾年之內，竟殺死「胡黨」及其家屬三萬人！事實上，真正的「胡黨」哪有如此之多！其中更多的是朱元璋欲除之而後快的開國功臣。

著名文臣宋濂因其姪子宋璲和長孫宋慎被判為「胡黨」而牽連其中，被判處死刑。朱元璋的皇后馬氏聽說後非常不解，對朱元璋說：「宋濂是皇子們的教師，普通百姓家對教書先生尚且很敬重，您怎麼就不能寬恕他呢？」

朱元璋生氣地說：「既然是逆黨，怎麼能開恩？」

馬皇后又勸說：「宋濂早已不在朝中任職，此事想必與他無關。」

朱元璋聽到馬皇后為宋濂說情，更加憤怒，將馬皇后呵斥出去。後來，馬皇后為朱元璋送晚餐，餐中沒有一點酒肉。朱元璋覺得很奇怪，便問馬皇后原因。馬皇后說：「宋濂就要死了，我願意代皇子們服喪。」

這句話感動了朱元璋，終於使他免了宋濂的死罪，但仍將宋濂全家貶到茂州。途中，七十二歲的宋濂病死，舉朝聞之無不悲痛。

胡惟庸案發後，被判為「胡黨」而獲罪的無辜臣子已經難計其數。他們因各種強加的甚至根本不成立的證據而入獄，或被斬首，或被滅門。胡惟庸被殺十年後，就在人們認為這場株連甚廣的屠殺已告完結時，朱元璋竟再次翻出舊案，把胡惟庸的罪名又升級為「謀反」。這一次，開國功臣李善長被其家奴盧仲謙告發，罪名是與胡惟庸勾結謀反。朱元璋得知此事後，竟表態說李善長「知逆謀不舉，狐疑觀望懷兩端，大逆不道」。

李善長早年即為朱元璋的謀臣，幾十年的交情了，朱元璋居然輕易相信一個家奴的誣陷之詞，可見他欲除李善長已久，恐怕告發李善長的家奴也是受其唆使。結果，李善長以「交通謀反」獲罪，全家上下七十餘口全都被殺。一年以後，學士解縉與郎中王國用為李善長喊冤，上疏直接指責朱元璋的做法。嗜殺的朱元璋看後一言不發，默認了這樁冤案。

越演越烈的藍玉案

胡惟庸案平息後兩三年，藍玉案就爆發了。所謂「胡藍之獄」，就是胡惟庸案與藍玉案的合稱。

藍玉是開國功臣常遇春的妻弟，是明初南征北戰、屢建奇功的將領。洪武二十一年（一三八八年），藍玉因與蒙古兵作戰有功而被封為涼國公。三年後，藍玉再次出師大捷，回朝後被加封為「太子太傅」。然而，藍玉對此卻表示不滿，抱怨道：「我的功勞這麼大，難道還不能加封為太師嗎？」這句話傳到朱元璋耳朵裡，為藍玉案埋下了伏筆。

藍玉自恃勞苦功高，平日飛揚跋扈，蠻橫張揚。據記載，他養有不少義子，在外霸占民田，欺壓百姓。當朝中御史去審查這些案件時，他竟敢私自驅逐。藍玉居功自傲的姿態原本就讓朱元璋反感，而他為人驕橫的作風更是授人以柄。

洪武二十六年（一三九三年）春天，錦衣衛（明朝皇帝的特務機構）指揮使蔣瓛告藍玉「謀反」，朱元璋立即下令逮捕藍玉。入獄後的藍玉在錦衣衛的嚴刑拷打下，最終屈打成招，口供是「趁皇帝外出耕田時舉事謀反」。這一解釋不僅本身說不通，證據也非常牽強。據後人考究，藍玉謀反的證據多是鄉里漁夫、染匠的口供，如果藍玉真要謀反，怎麼會隨意說給鄉里人聽？

然而，朱元璋就依照這些證據定了藍玉的罪，將藍玉全家誅殺。此後，又追究了「藍黨」（也

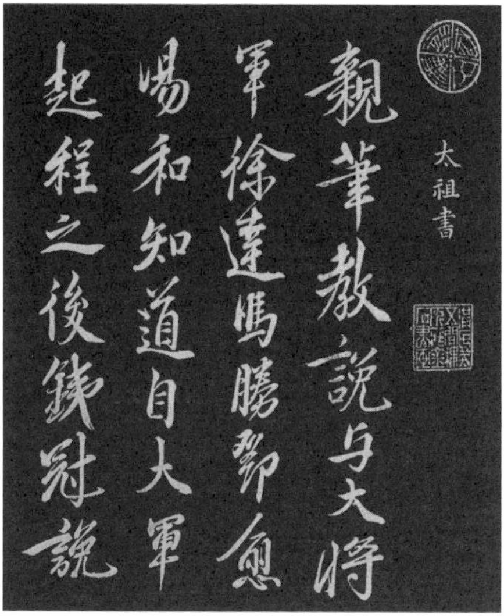

朱元璋書《教說大將軍》（局部）

這是明太祖朱元璋寫給大將徐達等人的親筆書信。從「親筆教說與大將軍徐達」等措辭可以看出朱元璋的文風簡潔明瞭，不講俗套。

稱「藍賊」）的謀反罪，誅殺了一萬五千餘人。在被判為「藍黨」的臣子中，不乏功臣良將，有一公、十三侯、二伯。試想，這些高官如果集體勾結造反，又怎麼可能束手就擒，舉家被誅呢？或許朱元璋也恐眾人猜疑，於是特意將藍玉謀反一案編為《逆臣錄》，親手寫詔書布告天下，並在詔書中說：「自今胡黨、藍黨概赦不問。」

事實上，經過「胡藍之獄」，明初的開國功臣幾乎被誅殺殆盡，還能再去拷問誰呢？所謂「概赦不問」，無非是一句漂亮話罷了。

皇權的空前鞏固

血腥的「胡藍之獄」讓朝中大臣人人自危。相傳，朝臣們每天清晨出門前都要與妻兒老小話別，晚上若能平安回家，則全家歡慶。歷史上，這樣大肆屠殺功臣的例子是極為罕見的，儘管漢高祖有過先例，但遠比不上朱元璋的殺戮之廣、迫害之深、手段之多。人們不禁要問，朱元璋這般大開殺戒到底是為什麼呢？答案正是兩個字——皇權。

朱元璋從社會最底層做到一代帝王，身邊的功臣都是曾經和他平起平坐打天下的兄弟。朱元璋當上皇帝後，擔心這些功臣有逆反之心，更擔心他們威脅自己子孫的皇權。據記載，朱元璋殺戮功臣時，太子朱標曾經屢次進諫，勸朱元璋不要濫殺無辜。朱元璋沒有直接闡釋緣由，而是將一根長滿棘刺的木杖扔在地上，讓朱標撿起來。在朱標猶豫不決之時，朱元璋把木杖拿起來，削去上面的刺說：「我正是幫你把刺拔掉，然後再把木杖交給你啊！」一語道破了他大殺功臣的用心。

朱元璋借胡惟庸案收回了相權，借藍玉案打擊了將權。「胡藍之獄」的結果是廢除了丞相，改設六部；設五軍都督府，削弱將領兵權。自此，明朝的皇權達到空前鞏固的程度。

緹騎四出血四濺

廠衛特務機構的帶血檔案

一提起明代的錦衣衛、東廠、西廠和內行廠，很多人都會不寒而慄。在眾多的影視作品中，錦衣衛和東、西廠一直被描畫成陰森恐怖、殺人如麻的地獄魔窟。明代的廠衛特務機構到底是怎麼一回事？又有過哪些令人髮指的惡行呢？

「緹騎」錦衣衛

錦衣衛是明朝的一個官署名稱，全名叫做「錦衣衛指揮使司」，也就是皇帝的侍衛親兵兵署。

根據明代初年的軍隊設置，皇城的禁衛軍由十二個親軍衛隊組成，而錦衣衛是其中之一。錦衣衛由明朝的開國皇帝朱元璋設立。由於出身的特殊性，朱元璋尤其重視皇權的鞏固，因此他設立直屬皇帝的錦衣衛部隊，目的就是加強皇權。

明朝錦衣衛的設置源於歷朝歷代的親兵侍衛，但職能又有所不同。錦衣衛的職責是「掌直駕侍衛」和「巡查緝捕」。前者很好理解，就是負責皇帝的保衛和儀仗工作。從事這部分工作的兵士又被稱作「大漢將軍」，是從軍隊中挑選相貌堂堂、身材魁梧且聲音洪亮的男子充實其中，立於宮門充當朝廷的門面；後者是明朝錦衣衛的獨特職能，即從事皇帝親自下令的偵查、逮捕、審問等工作，相當於皇帝的特務部隊。錦衣衛判案不用經過國家司法部門的審核，可以自行處置罪犯。這也就是錦衣衛「大大有名」的原因。

錦衣衛的特務職能由下轄的鎮撫司完成，其中又有南鎮撫司和北鎮撫司之別。南鎮撫司主要負責偵查、審訊和判決等工作，而北鎮撫司則負責逮捕和判決罪犯等事項，而且擁有自己的監獄（稱「詔獄」）。

鎮撫司的兵士稱作「校尉」或「力士」，在執行任務時又被稱作「緹騎」，一般是由軍隊中身強力壯、武功高強的兵

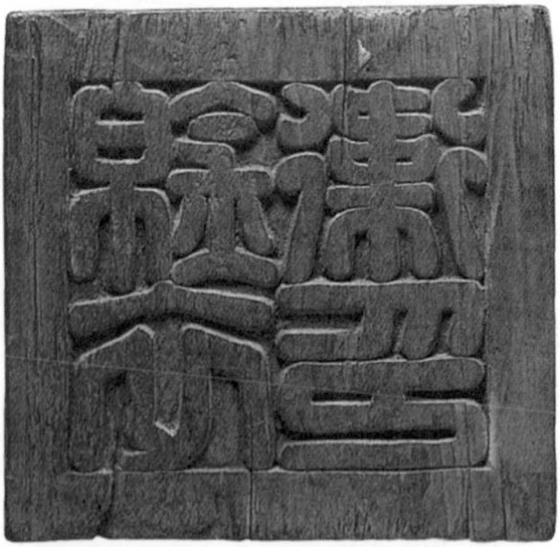

錦衣衛木印

錦衣衛的木質印信，印面邊寬 11.5 公分、印面厚 1 公分、通高 4 公分。此印縮肩平紐，有些許裂紋。印面篆刻「錦衣衛印」，背面刻「成化十四年三法司置」。

士擔任。他們身著代表皇帝恩賜的漂亮的「飛魚服」，是名副其實的「錦衣」衛。

錦衣衛的首領稱為「指揮使」，一般由皇帝最親近的將領擔任（很少由太監擔任）。每當明朝皇帝有所疑慮和擔心時，「緹騎」便四處出擊，上到王公大臣，下到黎民百姓，全在他們監視和查捕的範圍內。錦衣衛還有一項著名的職能——執掌廷杖。

「廷杖」是明朝特有的懲罰朝臣的一種酷刑。大臣們惹怒了皇帝，就會被拉出午門執行「廷杖」。錦衣衛將大臣綁好之後便是一頓亂棍，很多大臣都枉死在這種酷刑之下。

錦衣衛發展到後來，由於許可權太大，便成了宮廷爭鬥的工具。很多奸臣勾結錦衣衛指揮使編織罪名，殘害忠良，禍國殃民，錦衣衛也迅速墮落成為明代衰亡的一大惡疾。

東廠、西廠和內行廠

在明朝，與錦衣衛的設置並列的就是東廠、西廠和內行廠，其中最主要的是東廠。

東廠又稱東緝事廠，是明朝特有的特務機關和祕密緝查機關，由明成祖朱棣設立。由於朱棣是從自己的姪子手中奪過的皇位，名不正言不順，因此格外在意自己權力的維護和鞏固。為了鎮壓政治上的反對力量，撲滅謀反篡位的陰謀，他設立了直屬於自己的新的特務機關——東廠。

東廠的職能是監視、探查、緝捕叛逆奸邪分子，職能上與錦衣衛並立。與錦衣衛不同的是，東廠的首領由皇帝信任的太監擔任，稱作「東廠掌印太監」或「督主」、「廠督」。

起初，東廠只負責「抓人」，而後交由錦衣衛處理，後來也逐漸擁有了「自行處置」的權力，有專屬的監獄。又由於太監群體更為接近皇帝，也更受皇帝信任，東廠的地位逐漸提升，後來居上，與錦衣衛的關係從平級變為上下級關係（東廠的權力更大）。東廠內部也分各種職能機構，一般是從錦衣衛中選派精幹分子擔任，在具體的行動中也比錦衣衛設置更為嚴密，有合理的分工和嚴格的制度。例如，每個月的第一天要集中布置工作，每個人有固定的負責區域等。

西廠又稱西緝事廠，在明朝歷史上只短期存在過，職能與東廠相同。明憲宗成化年間，一個叫李子龍的妖道用旁門左道蠱惑人心，朝中很多人成了他的擁躉[26]，甚至傳出李子龍意圖弒君謀反的消息。雖然李子龍的勢力不久就被錦衣衛斬草除根，但心驚膽顫的明憲宗還是不放心，於是派太監汪直出城查探臣子們和百姓的動向。汪直抓住這次機會，到處捕風捉影，故意把事情搞成很嚴重的樣子，向明憲宗報告。於是明憲宗決定成立一個新的特務機關——西廠，加強對情報的刺探，並任命汪直為首領。西廠成立後，勢力極度膨脹，一度統轄了錦衣衛和東廠。但由於濫殺無辜，作惡太多，在滿朝大臣的一致反對下，西廠於明武宗年間被撤銷。

內行廠，又稱內廠，是明代「廠衛」制度中壽命最短的機構。明武宗年間，大太監劉瑾因與東廠、西廠首領有矛盾，於是奏請皇帝新設一個特務機關——內行廠，由他自己管轄。內行廠的權力更大，不僅具有此前特務機關的所有職能，而且還將錦衣衛、東廠和西廠列入監視和捕殺的範圍，許可權更廣，用刑更酷。內行廠僅僅存在了五年，便隨著劉瑾的倒臺，與西廠一同被撤銷。但僅僅在這五年內，它就殘害了無數忠良。

緹騎四出血四濺

錦衣衛、東廠、西廠和內行廠，四者構成了臭名昭著的明代「廠衛」特務制度，史上又稱「緹騎四出」。由於明代廠衛制度的空前殘酷，濫殺無辜，因此可謂「緹騎四出血四濺」——「緹騎」一旦行動，必又是一場腥風血雨。

明朝開國皇帝朱元璋統一天下後，為了清除對皇權的威脅，永保朱姓江山，開始了對開國功臣的「大清洗」。

他派出大批的特務，深入王宮相府、百姓人家搜集情報，稍有異常便嚴令抓捕，大加殺戮。

26 擁躉：堅定的支持者。

僅胡惟庸、藍玉的案件，便動用錦衣衛屠殺了四萬五千餘人。特務們甚至被祕密地安插在朝臣的家裡，連臣子每天的言行笑罵都一清二楚。有一次，大學士宋濂在家中請幾個朋友吃飯。第二天上朝時，朱元璋詢問宋濂昨天請了哪些朋友、喝酒了沒有、吃了什麼菜，宋濂都如實回答。朱元璋滿意地說：「看來你沒欺騙我。」宋濂這才反應過來，朱元璋早已安插了特務在府裡監視他，不禁嚇出了一身冷汗。由此可見當時特務猖獗的程度。廠衛特務遍布，人人都生活在「白色恐怖」之中。

上到王公貴冑，下到百姓黎民；大到謀反叛逆，小到竊竊私語，這些全都在明代廠衛特務們的監視範圍內。不論是誰，稍有不慎，都可能招來「緹騎」的逮捕。而一旦被抓，就會被帶到如同地獄魔窟一般的廠衛監獄，遭受一番嚴刑拷打。一些人因此屈打成招，被無辜地殺害；有些人就算是熬了過來，被釋放時也已是終身殘疾甚至不成人形；而更多的人，是在這座地獄中被各種酷刑活活地折磨至死。

廠衛特務們為了審「犯人」而發明了各種「前所未有」的殘酷刑罰。

在審問「犯人」時，特務們慣常「打著問」，一邊對「犯人」施以杖刑，一邊問訊。而對於嘴硬的「犯人」，又有「好生打著問」和「好生著實打著問」之別，直到把「犯人」打得皮開肉綻。除了「杖刑」以及「夾棍」、「指釘」、「腦箍」等「常規」刑罰外，更有令人毛骨悚然的「特別」酷刑。

「抽腸」：高處橫一木桿，上搭繩索，繩索一端綁鐵鉤，另一端縋上重物。而後將「犯人」的肛門割開，用鐵鉤鉤住「犯人」的大腸頭，再將另一端的重物放下，借力將「犯人」的腸子整根抽出，致人死亡。

「刷洗」：把「犯人」脫光衣服後綁在鐵床上，用滾水向他身上澆，之後拿鐵刷子在「犯人」身上反覆刷，直至刷開皮肉，露出白骨。「犯人」不等刑畢便早已死去。

「剝皮實草」：把「犯人」的皮剝下來，填上草，掛在城門示眾。明朝前期的剝皮是將「犯人」斬首後剝皮，到了明朝後期就已經有了活剝人皮的刑罰，更有甚者是向「犯人」身上澆熔化的瀝青，等瀝青凝固後敲擊，人皮便同瀝青一起被剝下。

類似的酷刑舉不勝舉。明朝是中國歷史上使用酷刑最有名的朝代，而這些酷刑的執行者，就是這些廠衛特務們。

忠良枉死，廠衛亡國

「廠衛」制度控制下的大明王朝，無數朝臣枉死，其中很多是忠臣良將、朝廷棟梁。而他們的被害，更是嚴重地消耗了明王朝的元氣。

方孝孺是明初著名學者、文學家、思想家，官至文學博士，曾做過建文帝的老師。他為人忠正，人品和學識名揚天下。燕王朱棣（後來的明成祖）發動政變奪取皇位（史稱「靖難之役」）後，方孝孺誓死不為朱棣草擬繼位詔書，並當面斥責其篡位行徑。朱棣惱羞成怒，命令殘忍的錦衣衛力士將方孝孺嘴角割開，撕裂到耳根，然後拖到鬧市凌遲處死。行刑前，朱棣還命令東廠和錦衣衛分頭搜捕方孝孺的親屬，連帶方孝孺的學生，一共八百七十三人一併處決，創造了亙古未有的「誅十族」滅門慘案。

明世宗嘉靖年間，廠衛特務們又製造了「左順門事件」。

明武宗朱厚照死後，由於沒有子嗣，於是選擇了興獻王朱祐杬的長子朱厚熜繼承皇位，史稱明世宗。明世宗繼位後，一直想給自己的生父尊封一個皇帝的稱號，但遭到滿朝文官的反對。明世宗一意孤行，結果導致反對派群臣集體進諫。包括九卿二十三人、翰林二十人、給事中二十一人、御史三十人等二百二十餘名朝廷要臣集體跪倒在宮中左順門外苦諫。明世宗命令錦衣衛逮捕了為首的幾名大臣，導致局面更加混亂。明世宗盛怒之下，下令逮捕了幾乎所有進諫的官員，並對其中的一百八十餘人處以「廷杖」之刑。一時間，午門之外上百人受刑，鮮血四濺，慘不忍睹。最後，竟有十六名朝廷官員被錦衣衛活活打死，創造了中國歷史上又一個血腥的紀錄。

明朝末年，朝政混亂，奸臣當道，廠衛特務更是大行其道，迫害朝廷僅有的「幾根棟梁」。

天啟年間，明熹宗是個天生的「木匠奇才」，整日不理朝政，專心於做木匠活兒。魏忠賢藉此逐漸掌握了朝政大權。顧命大臣楊漣和左僉都御史左光斗等直臣聯名上疏彈劾魏忠賢。事情被魏忠賢得知，他利用「廠衛」的勢力，編造楊漣等人的罪名，並令錦衣衛將他們逮捕投入大獄。楊漣在獄中被打得皮開肉綻，提審時根本無法坐立，只得躺在地上受審，最終被害死在獄中。楊漣死時，屍體被土袋疊壓，耳朵裡被楔入鐵釘，場面十分恐怖。左光斗同樣被打得體無完膚，面部被折磨得焦爛，無法辨認，左膝以下筋骨完全脫離，最終慘死獄中。

不只朝廷官員如此，平民百姓也無時無刻不生活在恐怖的陰影下。

據《明史．刑法志》記載，同樣是在明熹宗年間，一次夜裡，有四個百姓在自己家的小屋裡喝酒，其中一個人喝得有些多，張口罵了魏忠賢幾句。話還沒說完，廠衛特務就踹門而入，將四人逮捕入獄，並當著另三個人的面，將謾罵者凌遲處死（一說活剝了皮），其餘三個人嚇得幾乎發了瘋。

就這樣，殘酷的廠衛制度一直伴隨著大明王朝，直至它滅亡。

廠衛制度的設立意圖在於加強皇權，但它一方面殘害了無數的忠良，毀壞了朝廷的根基；另一方面助長了宦官、佞臣的氣焰和權勢，放大了朝廷的腐敗和黑暗。明朝的氣數在廠衛制度引起的激烈矛盾和內耗中逐漸被消磨殆盡，最終無力地癱倒在清軍的鐵蹄之下。無怪乎後人說：大明不是亡於流寇，而是亡於「廠衛」。

與美貌無關
獨特的清宮選秀制度

後宮粉黛，佳麗三千。在人們的傳統印象裡，皇帝身邊的女人一定是傾國傾城的絕代佳人。然而，清代後宮卻不盡然。慈禧太后難稱貌美，而隆裕皇后更是長相奇醜。她們為何能被選為「後宮佳麗」？清代選后選妃有什麼獨特的標準？

順治帝創制「選秀」制度

傳統印象裡，皇帝的後宮佳麗應是全天下最美的女人，但近年來公布的一些清代皇后皇妃的老照片卻讓人大跌眼鏡——照片中的女人大多相貌平平，不少甚至可以用醜陋來形容。這種強烈的反差讓人不禁要問：她們是如何被選入宮中的？要想解開這一疑問，就要從清的「選秀」制度說起。所謂「選秀」，是清朝政府為皇帝和皇室子弟選擇妻妾和宮女的獨特方法。清宮的選秀制度是清代第一位入關的少年皇帝順治帝創制的。

最初，清代皇室的「擇偶」標準並無規定，一般為鞏固政權，連結盟友，多選擇與蒙古的王公貴族聯姻。順治帝的母親——鼎鼎有名的孝莊太后（戲劇中常見的「大玉兒」）就來自蒙古大草原。依照慣例，順治帝十四歲那年，孝莊太后為他迎娶了他的第一位皇后——蒙古卓禮克圖親王吳克善（孝莊太后之兄）的女兒、孝莊太后的姪女額爾德尼布木巴。但年少的順治帝並不喜歡這位性格有些刁蠻的皇后，小倆口的感情越過越淡，順治帝也逐漸產生了「廢后重選」的念頭。終於，在這段婚姻維持了兩年後，順治帝以「當年罪臣多爾袞包辦婚姻」為由廢掉了額爾德尼布木巴。

午門

午門是頒發皇帝詔書的地方；遇有重大戰爭，大軍凱旋後會在此舉行「獻俘禮」。此外，「廷杖」也在午門舉行。

情感生活遇挫的順治帝決意親自挑選一位中意的伴侶，於是他通過孝莊太后的懿旨頒行了新的皇家「擇偶」辦法：「選立皇后，作範中宮，敬基典禮，應於內滿洲官員之女，在外蒙古貝勒以下、大臣以上女子中，敬慎選擇。」這一指令改變了傳統的清朝皇族婚姻方式，將滿洲官員和外藩王公大臣家的女子納入選擇的領域，擴大了聯姻的範圍。這就是最初的「清宮選秀制」。

清宮的選秀制實際上分為兩種：一種是在內務府包衣[27]中進行的每年一選的「選秀」，主要是為宮中選擇宮女；另一種是針對八旗女子的「選秀」，主要是為皇家選擇妻妾。這種「選秀」每三年舉行一次，滿、蒙、漢八旗人家十三歲至十六歲的女孩子都必須參加。經層層篩選後，被選中者留在宮中，或成為皇帝的妃嬪，或被賜予皇室子孫做妻妾；而沒有被選中者，則賜返回家，自行婚配。值得注意的是，在應選年齡內的女孩子如未參加「選秀」，或在「選秀」前已定終身，其家庭將被治以重罪。乾隆五年（一七四〇年），朝廷更是對選秀制進行了進一步的規定，要求在應選之年由於種種原因未能參加閱選的女子，必須在下一次的選秀中補選，

27包衣：清代皇室的奴隸。

不得遺漏。由此可見，清政府對選秀制度非常重視。

清宮選秀制度自順治帝時創制，一直持續到光緒帝末期才被廢止，前後舉行過八十餘次。可以說，清宮選秀制度幾乎貫穿了清朝入關後的整部歷史。

「留牌子」與「撂牌子」

選秀制不僅擴大了清代皇室選擇妻妾的範圍，也使更多的女子獲得了進宮享受榮華富貴的機會。每到選秀之年，各省的適齡女子便由其所在地的旗營選派，乘騾車至京城。僱騾車的費用則由朝廷統一發放。

各位應選「秀女」到達京城後，略行休整，便在本旗參領、領催的安排下開始「排車」。所謂「排車」，就是排列秀女們入宮參選的順序。一般來講，隊伍先按照滿、蒙、漢的次序排列。然後在三個民族佇列中再排序，宮中後妃們的親戚排在最前面，其次是曾經初選選中、此次是複選的女子，最後是這次新到的秀女。最後在每類人群中，又按年齡大小排定次序。在「排車」一切就緒後，秀女們便在日落時乘車依次前往皇宮。每架車上懸掛兩個燈籠，燈籠上帶有「某旗某佐領某某人之女」的標誌。秀女的車隊約在傍晚時到達地安門，再由地安門前往神武門等候。皇宮太監開啟宮門，秀女們也依次下車，過「順貞門」（取義「既順且貞」）前往御花園、體元殿、靜怡軒等處接受閱選。

秀女們五六個人站成一排，依次進入接受閱選。被選中的秀女，寫有她的姓氏等資訊的名牌將被留存，叫做「留牌子」；同理，沒有被選中的，就稱為「撂牌子」。被「撂牌子」的女子，由太監帶出宮後，便可自行婚配了。而被「留牌子」的，則進入下一個環節——定期複選。定期複選頻繁且更為嚴格，未被複選上的女子則同樣賜返還家；複選再次被選中的秀女，就會成為未來皇族妻妾的候選人。然而成為候選人仍不算結束，這些秀女還要經過「引閱」、「複看」、「留宮住宿」等諸多環節，才能最終成為真正的皇族妻妾。

門第第一，品行第二

清宮「選秀」到底以什麼為標準？美麗的容貌是否是入選後宮的主要標準呢？答案恐怕是否定的。清宮「選秀」並非「選美」，美貌還有可能成為被淘汰的理由。

首先，清宮選秀的範圍有限，只在八旗女子中進行選擇，廣大的平民女子是沒有資格參加的，所以候選人數並不多，選出美貌女子的概率也有限。其次，清朝統治者對「女色」存有一種忌憚心理。清宮選秀制度中就明文規定，八旗秀女被閱選時，必須穿著旗裝，不允許濃妝豔抹。而且，越是貌美的女子，越容易遭到負責閱選秀女的太后的抵制和滿朝文武的指責。所以就算是皇帝已有「意之所屬」，也不敢輕易犯「好色」的大忌。

清宮選秀的真正標準是品行和門第。所謂品行，就是說所選之女應有「母儀」，有仁厚端方之相，儀態莊重，慈威並濟；性格方面應是孝慈、溫恭、寬仁、淑慎，不急不躁，通情達理。所謂門第，就是該女子出身如何，王府千金和旗兵之女在選秀的天秤上是有天壤之別的。

在品行和門第這兩條標準的權衡中，門第是第一位的。清代的皇家妻妾大多出自名門，而品行倒在其次。至於相貌，很多時候更是連考慮都不考慮的因素了。光緒帝的紅顏知己珍妃相貌尚可，但她並不是憑藉美貌入宮，而是憑藉顯赫的門第——父親長敘官至侍郎；伯父長善是廣州將軍，同時又是大學士桂良的女婿、恭親王奕的連襟。至於光緒帝的皇后——後來的隆裕太后，眾所周知，奇醜無比，但她無人可比的門第彌補了相貌的不足。於是，在清宮選秀的特有標準下，她以堂堂慈禧太后姪女的尊位入主後宮，母儀天下。

慈禧太后的「大清門之恨」

最終被選中的秀女之中，以選為皇后者最為尊貴。皇帝要舉行隆重的婚娶大典來迎娶皇后，其中一個重要的標誌就是皇后被迎娶時的進宮路線。按清制規定，皇后的轎子要從大清門（明清兩代皇城正門天安門的外門，又稱「皇城第一門」）抬進來，依次通過天安門、午門，直至後宮。而被選為妃嬪的秀女，則只能從紫禁城的後門神武門入宮。於是，走沒走過大清門，便成為衡量後宮地位尊卑的一項尺度。

慈禧太后以選秀入宮，但只被封為貴人，後因得寵，逐步提升。但這無法彌補她沒有走過大清門的遺憾，所以她格外忌諱這一點。偏巧，與她不和的兒媳婦——同治帝的皇后阿魯特氏是從大清門入宮的正宮皇后。阿魯特氏與慈禧太后沒有親緣關係，在性情、愛好等方面又有較大差異，加之她有些清高，因此素來不討慈禧太后喜歡。

一天，慈禧太后責罵阿魯特氏，阿魯特氏在忍無可忍之時說出一句「請給媳婦留點尊嚴，媳婦是從大清門抬進來的」。這直接刺到了慈禧太后的痛處，並讓她起了殺心。結果，同治帝死後不到一百天，年輕的皇后阿魯特氏就在慈禧太后的虐待和逼迫下自殺殉葬了。

「十常四勿」長壽經

乾隆帝的養生之道

清乾隆帝是中國歷史上最長壽的帝王，足足活了八十七歲。據記載，他年過八旬以後，仍精神矍鑠，身強體健，照常讀書寫字，甚至還能外出狩獵。後人皆驚嘆於乾隆帝的長壽不衰，對其養生之道更是紛紛求索。今天，就讓我們揭開乾隆帝的長壽祕訣……

長壽皇帝的養生祕訣

清乾隆五十八年（一七九三年），英國使團來華，在熱河行宮受到乾隆帝的接見。英國使臣馬加爾尼在日記中寫道：「乾隆帝雖八十三歲高齡，看起來卻如同六十餘歲。他精神矍鑠，風度凌駕於少年人。」同行的喬治・司當東也記載了對乾隆帝的印象：「他走路堅定有力，生活規律，工作繁忙。他從來不戴眼鏡，直到逝世前不久還能讀書寫字，逝世前兩年還外出打獵。」

做為中國歷史上最長壽的帝王，乾隆帝身體安康地活到了八十七歲，在位六十年。對於一位日理萬機的帝王而言，這不能不說是一個奇蹟。

乾隆帝之所以能長壽，養生之道是很重要的一個因素。他根據自身的體驗，總結出了養生四訣：「吐納肺腑，活動筋骨，十常四勿，適時進補。」後人將其中的「十常四勿」進行了具體闡釋：所謂「十常」，是指身體的十個部位要經常運動，即「齒常叩、津常嚥、耳常彈、鼻常揉、眼常轉、面常搓、足常摩、腹常旋、肢常伸、肛常提」；所謂「四勿」，是指有四件事情要注意克制，即「食勿言、臥勿語、飲勿醉、色勿迷」。

乾隆帝一生喜愛外出狩獵和四處巡遊。夏天時，乾隆帝多召見武官，與其比武騎射；到了秋天，他常率皇子和侍衛們去圍場打獵。著名的木蘭圍場就是乾隆帝每年必去的地方。乾隆帝曾六次下江南，五次出巡五臺山，三次登臨泰山……一生幾乎遊遍了名山大川。他每次外出巡遊都要持續數月，既能飽覽風景，放鬆心情，又能活動筋骨，鍛鍊體力。

乾隆帝的起居飲食很有規律，且一直保持著健康的生活習慣。據史料記載，乾隆帝每天堅持清晨六點起床，七點準時用早餐，餐後到花園中散步，然後召群臣前來覲見，上朝議事。中午約一兩點鐘，乾隆帝進午餐，餐後就讀書寫字，吟詩作畫。乾隆帝一天只吃兩餐，而且從不吃得過飽。晚上就寢從不晚於一更天（晚上七到九點）。此外，乾隆帝從不抽菸，很少飲酒，即便飲酒也是補酒。至於「色勿迷」，乾隆帝的作為就更為後世津津樂道了。歷代帝王為情所傷而短命的例子並不少，清代順治帝就曾為失去心愛的董鄂妃而悲痛不已，光緒帝也因珍妃之死鬱鬱寡歡。然而乾隆帝一生雖風流卻不濫情，懂得用情適可而止之理。

陶冶性情心不老

乾隆帝的長壽祕訣還在於修身養性，陶冶性情。他一生愛好廣泛，吟詩作賦、琴棋書畫、茶藝戲曲，無一不能。精神上的充實使他得以保持年輕的心態，對於延年益壽大有裨益。

乾隆帝一生共留下詩文四萬餘首，儘管其中不乏隨意之作，但這仍是個驚人的數量。乾隆帝常常與群臣聯詩應對，談詩論文。現代科學表明，堅持不懈的腦力激盪可以顯著地延緩衰老，使人到了晚年仍保持敏捷的思維和旺盛的精力。

乾隆帝還喜歡書畫，年過八旬仍熱衷此道，留下了不少傳世作品。書畫不僅能陶冶性情，而且能鍛鍊指力、腕力及身心的協調性。此外，乾隆帝還擁有豐富的娛樂生活，如唱歌、鼓樂、看戲和賞花燈等。

乾隆帝不愛飲酒，卻愛飲茶。而茶既可以清熱提神，消除疲勞，又有益於身體健康。史料記載，乾隆帝對於飲茶非常講究，曾派人專門測量、品評天下水質的優劣，最終發現北京玉泉山的水最好，便將其定為「天下第一泉」。此後皇宮飲茶用水都取自玉泉山。

為了延年益壽，乾隆帝也適時進用補品，最主要的有兩種：龜齡集和松齡太平春酒。龜齡集是增補長壽的藥品，松陵太平春酒則有舒筋活血的功效。

道高一尺，魔高一丈

科舉舞弊與反舞弊面面觀

幾乎是科舉制一創立，舞弊現象就應運而生了。「通關節」、「冒籍」、「槍替」、「夾帶」等千奇百怪的手法層出不窮，常常把考場搞得烏煙瘴氣。與科舉舞弊相對的，則是朝廷絞盡腦汁的反舞弊措施。雙方鬥法一千三百餘年，真正徹底詮釋了何謂「道高一尺，魔高一丈」。

「通關節」屢禁不止

科舉制是以考試方式選拔官吏的制度，自隋代創立至清代滅亡，存在了一千三百多年的時間。在這一千三百多年中，既有說不盡的十年寒窗一朝高中，也有道不清的不學無術科場舞弊。

在科場舞弊的種種手法中，「通關節」是最為普遍也最難禁止的一種。所謂「通關節」，就是現在所說的「走後門」，指考生通過賄賂考官或與考官拉關係，使其為自己的卷子判高分，以贏得「金榜題名」的機會。

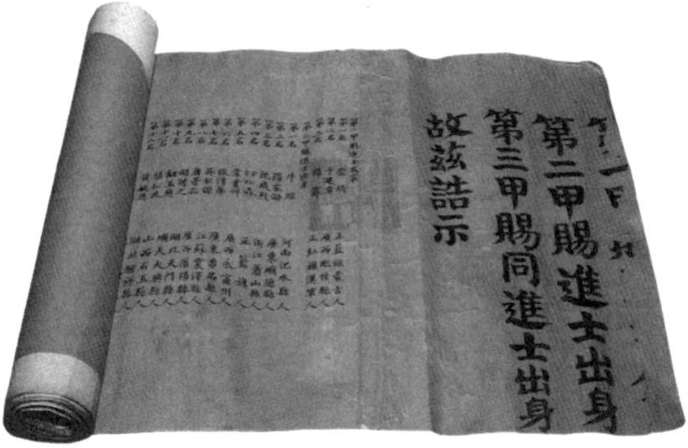

大金榜

清朝用於公布殿試結果的大金榜，張貼在皇宮門外。殿試是科舉制度中最高一級的考試，由皇帝親自主持。

在唐代，科舉考試很看重考生的詩才，於是很多考生便在考前「投卷」，即把自己的詩詞文賦獻給當朝名流，讓他們在判定名次時為自己說話。與此同時，考生直接向考官「投金」的現象也比比皆是。因此唐代科舉常常在考試之前就已經內定了名次。唐代詩人杜牧曾經將自己所寫的《阿房宮賦》投給當時的朝臣，受到二十多位大臣的一致讚賞。然而由於考試的前幾名早已內定為權貴子弟，杜牧最終只列第五。

為了杜絕「通關節」，宋代科舉考試推出了兩項反舞弊措施——「糊名」和「謄錄」。所謂「糊名」，就是將考生的姓名、籍貫和初定等第等資訊糊起來，不讓考官得知卷子所屬的考生；所謂「謄錄」，則是將考生的考卷重新抄錄一遍，將抄錄本拿給考官審閱。這兩項措施使考官無從辨認考卷出自哪位考生之手，避免了考官給特定的考卷判高分的機會。

「糊名」和「謄錄」推行以後，果然有效遏制了徇私舞弊之風。有一年，大文豪蘇軾的門生李廌參加科舉考試，適逢蘇軾擔任主考官。蘇軾希望李廌高中，便在閱卷之時仔細辨認李廌的考卷，發現一篇文章頗似出自李鷹之手，便欣喜地說：「此人當拔得頭籌！」然而，後來才發現，這篇文章竟然是另一名考生章援所寫，而李鷹卻不幸落榜。這個例子印證了「糊名」和「謄錄」的效果，然而「上有政策，下有對策」，考生們立即想出了破解的辦法。不久，另一種形式的「通關節」就蔓延開來。考生通過在考卷上做暗記，通常是在段末以「也矣」、「也歟」、「也哉」等虛詞標記，或在文中使用特定的生僻字，然後將暗記寫在條子上遞給考官。如此一來，考官便能從眾多考卷中找出這位考生的卷子。

例如，清咸豐八年（一八五八年），考生羅鴻繹事先向考官李鶴齡遞了「關節」條子，約定三場考試中，第一篇文末用「也夫」兩個字，第二篇文末用「而已矣」三個字，第三篇文末用「豈不惜哉」四個字，最後再以「帝澤」兩個字結尾。李鶴齡依據這幾處暗記，果然找到了羅鴻繹的考卷，寫下了「氣盛言宜，孟藝尤佳」的評語。後來，羅鴻繹果然高中舉人。儘管朝廷針對「通關節」不斷地推出新措施，例如「鎖院」（將考場封閉）等，然而考生「通關節」的手法越來越高明，類似的舞弊現象仍屢禁不止。

舞弊手法花樣迭出

除了「通關節」，考生舞弊的方式還有「槍替」、「冒籍」、「夾帶」、洩題、互相抄襲、割換考卷、場內傳遞等十幾種，可謂五花八門，層出不窮。

「槍替」就是找人替考，受僱替考的人被稱為「槍手」。這種舞弊手法多見於考取秀才的初級考試，有時也發生在考取舉人的鄉試中。清乾隆四十八年（一七八三年），考生岑照請頗有才學的官員葉道和幫忙替考，許諾考中舉人後付給葉道和三百兩銀子。葉道和混進考場，替岑照考了全部三場考試，最終岑照竟名列舉人第一名。後來，「槍替」被人揭發，岑照和葉道和雙雙被斬。為了防止考生找人「槍替」，清代做出了五名考生互結聯保的規定，即同考的五人互做擔保，並找一到兩名廩生（明清時由公家發給錢糧補助的生員）認保，一旦發現「槍替」現象，則五名考生連坐，認保的廩生被革職。

夾帶用的麻布坎肩

位於嘉定孔廟的上海中國科學博物館中，珍藏著一件清代的麻布坎肩，上面密密麻麻地寫滿了蠅頭小楷，為當時士子夾帶所用，上書約四萬多字。

所謂「冒籍」，是指考生冒外州、縣的籍貫參加考試，一則占用其他州、縣的錄取名額，二則在本州、縣考完又去別的州、縣應考，以增加錄取機會。「冒籍」現象也多發生於初級考試。為了杜絕「冒籍」，自清康熙年間起，朝廷推出了「審音」制度，即核對考生的口音，以判別其是不是本州、縣人。此外，五名考生互結聯保也是防止「冒籍」的措施之一。

「夾帶」就是「打小抄」，考生將抄好的《四書》、《五經》或往屆優秀文章偷偷帶進考場，以便抄襲。「夾帶」的現象在明清時期很普遍，因為明清科舉以八股取士，重視死記硬背，而非活用活學。明清考生「夾帶」的技術十分高超，往往以幾公分見方的蠅頭小楷謄錄整部《論語》，或抄在小紙卷上，或抄在衣服夾層，或抄在胳膊、大腿上，令監考人員防不勝防。

明清朝廷針對「夾帶」的手法，推出的反舞弊措施是最多的。例如：考生穿戴的衣褲鞋帽都必須是單層的，不能有裡襯；硯臺不能過厚，毛筆必須空心，燭臺必須是單盤的，而且用錫做成，燭臺柱子中空通底，盛放這些工具的籃子必須鏤空能看清裡面；甚至考生自帶的食品也必須切開，供巡查官檢驗。為了防止考生將文章抄在身體上，朝廷甚至規定，考生入場時要解開內衣內褲，接受嚴格搜檢。

乾隆年間，順天鄉試曾經開展了一次空前絕後的嚴查，派出大批軍役逐個搜身，並規定搜到「夾帶」一個賞銀三兩。結果，那次考試搜出「夾帶」者四十餘人，交白卷者六十八人，沒有答完的考生三百二十九人，文不對題的考生二百七十六人，而懾於嚴查未敢入場的竟有將近三千人。乾隆帝聽說後大驚而怒，立即對科舉考試做出了更嚴格的規定。而針對考場內的抄襲、換卷、傳遞紙條等舞弊行為，朝廷則規定考生間隔入座，並建了高樓，專門監視考生的一舉一動。

鐵腕嚴懲舞弊

考生的舞弊與朝廷的反舞弊爭相鬥法，考生頻頻出招，朝廷則見招拆招。然而「道高一尺，魔高一丈」，朝廷少數人的智慧終究難以應對千萬考生的「奇技妙招」。

於是，朝廷只得用異常嚴厲的懲罰措施來威懾考生。懲治科舉舞弊力度最大的朝代是清代。清代對於考生「通關節」、「槍替」以及考官徇私舞弊等行為，一經發現都要判處死罪。順治年間，大理寺左評事李振鄴擔任考官，自擬了幾十個「關節」條子，公然向考生出售。被舉報後，李振鄴與另外四名兜售「關節」條子的考官和兩名舞弊的考生一同被處斬，家產被抄沒，全家一百零八口人被流放關外。

雍正年間，河南學政俞鴻圖在當地一個油店暗中「售賣」秀才，凡是遞送銀子的考生都能通過考試。就這樣，俞鴻圖一共「賣出」了四十七名秀才，賺取了賄銀一萬四千餘兩。案發後，俞鴻圖立即被處斬。咸豐年間，當朝軍機大臣兼內閣大學士柏葰只因聽人說情，錄用了一名舉人，事後竟被彈劾，最終人頭落地。柏葰也成為因參與科舉舞弊而被處以極刑的官職最高的大臣。

但在嚴懲不貸的反舞弊舉措下，舞弊現象仍無法杜絕。為了飛黃騰達、富貴齊天，考生與主考官不惜鋌而走險，運用種種方法徇私舞弊。最終，弊端越來越明顯的科舉制於清光緒三十一年（一九〇五年）被徹底廢除。

第四章　洞悉歷史深處

兵家奇才，商家始祖

范蠡傳奇

「經商」或是「做官」，哪一行出人頭地都堪稱奇才。中國古代卻有一位在兩方面都登峰造極的「全才」。他既精通韜略，善於治國用兵，又有非凡的商業頭腦，是儒商之鼻祖。他就是被世人譽為「忠以為國，智以保身，商以致富，成名天下」的范蠡。

「臥薪嘗膽」仗奇謀

越王勾踐臥薪嘗膽、滅吳復仇的故事可謂家喻戶曉，而范蠡則是輔佐越王勾踐成就一代偉業的第一功臣。

正史中並沒有關於范蠡生平的單獨記載，他是以越王謀士的身分出現的。西元前四九四年，越王勾踐不聽范蠡的勸告，執意出兵攻吳，結果被吳王夫差大敗於夫椒（今江蘇省太湖洞庭山）。生死存亡之際，范蠡建議越王勾踐卑恭求存，以圖東山再起。勾踐採納了他的建議，在吳國忍辱負重地做了三年奴隸。吳王認為勾踐已經真心歸順自己，就將他放回了越國。

越王勾踐劍

勾踐回國之後，臥薪嘗膽，勵精圖治，伺機復仇。掌管軍事的范蠡與謀士文種共同輔佐越王，使越國日益強盛起來。西元前四八六年，狂妄的吳王不顧朝臣的諫阻，出兵討伐齊國，得勝歸來後又殺掉了國之棟梁伍子胥。越王看到機會來了，就問范蠡能否出兵，范蠡卻說：「還不到時候。」過了四年，吳王率軍北上會盟諸侯，范蠡對越王說：「現在可以出兵了。」越國迅速出兵攻打吳國，殺了吳國太子。西元前四七三年，范蠡再次領兵出征，將吳王包圍在姑蘇山上。吳王遣使求降，希望越王念及自己當年放他的恩惠。范蠡卻對越王說：「當取不取，會反受其累。」越王聽後打消了和談的主意，出兵一舉吞滅了吳國。

越國滅吳，范蠡是主要的策劃者和組織者。他苦心籌畫二十餘年，以卓越的軍事才能創造了中國古代的一個傳奇。關於這段歷史，民間還流傳著一個浪漫的故事。范蠡尋得美女西施，令她色誘吳王，使其疏於政事。西施深明大義，為國獻身，完成了一齣著名的「美人計」。其後，范蠡功成身退，攜西施泛舟而去……傳說的真假已不可考，但能確認的是，越國滅吳後，功勛卓著的范蠡被封為上將軍。他深知越王「可與同患，難與處安」的性格特點，於是駕舟出海而去，開始了自己新的人生。

富甲天下的「陶朱公」

范蠡離開越國後，乘船來到齊國，化名「鴟夷子皮」，開始了自己經商的事業。他憑藉過人的智慧和辛勤的勞作，與兒子經營產業沒多久就積累家財數十萬。齊國人得知他有非凡的才能，邀請他做了齊國的宰相。

范蠡認為，自己經商可以賺到千金，做官能做到宰相，這已經是普通人能達到的極致了。所謂「物極必反」，再這樣下去恐怕會有禍患。於是，三年後，他辭掉了齊國宰相的職務，散盡家財，舉家遷到了一個叫「陶」（今山東省荷澤市定陶區西北）的地方。陶地東鄰齊、魯；西接秦、鄭；北通晉、燕；南連楚、越，是最佳的經商之地。范蠡在此再度「創業」，與子孫悉心農牧，兼做經營，根據行情買賣物品，賺取差價。

過了沒多久，他又攢下了家財「巨萬」，富甲天下。范蠡自號「陶朱公」，成了人人皆知的大商人。范蠡的經營之道記載在《計然》篇中，講求根據需求做出變化以及「物極必反」等道理，強調「勸農桑，務積穀」、「農商兼營」等，這對於今天的人也頗有借鑒意義。由於范蠡在商業上的成就卓著，後人常將成功的商人稱為「陶朱公」。

因為商人在中國古代長期處於低微的地位，所以范蠡並沒有成為一個被青史「青睞」的人。但世人對這位極具魅力的「奇人」還是頗為津津樂道，如漢代的司馬遷就曾在《史記》中感嘆道：「范蠡三次更換住處，卻能天下聞名。他每次不是簡簡單單地搬家，而是住在哪裡都能成名。」

琴挑卓文君
司馬相如的愛情騙局

司馬相如琴挑卓文君，是中國才子佳人故事中的經典。《鳳求凰》的美妙琴聲，讓富豪千金與一介窮書生締結姻緣，從此過上琴瑟和鳴的幸福生活。然而，近年來不少學者的考證卻將這個愛情故事顛覆了，把「琴挑卓文君」論作司馬相如「劫色騙財」的千古陰謀。究竟是真愛，還是騙局？

傾倒眾人的大才子

西漢時期，臨邛縣（今四川省邛崍市）有一位著名的富商，名叫卓王孫。一日，卓王孫家中張燈結綵，賓朋盈門，連臨邛縣縣令王吉都光臨卓府，不知是為哪位貴客大辦家宴。待所有貴賓都到齊了，卓王孫宴請的貴客卻稱病不肯來。縣令王吉只得再次到貴客的住處親自邀請。盛情難卻之下，這位神祕人物才勉強出行，前來赴宴。

這位「千呼萬喚始出來」的神祕人物，正是與司馬遷並稱為「西漢兩司馬」的著名才子——司馬相如。司馬相如字長卿，本名犬子，後因欽佩戰國名相藺相如，便改名為司馬相如。

司馬相如青年時便顯露出過人的才華，他善於作賦，精通音律，受到當時梁國（西漢勢力最大的藩國之一）國君梁孝王的賞識。隨梁孝王到梁國後，司馬相如創作了著名的文章《子虛賦》，聲名鵲起。因他喜愛彈琴，梁王便賜予他一把名為「綠綺」的琴，上面刻有「桐梓合精」四個字。而這把名貴的琴，就是後來司馬相如彈奏《鳳求凰》贏取卓文君芳心的傳情之琴。

梁孝王死後，司馬相如因家中貧困又無處謀生，便投奔自己的好友——臨邛縣縣令王吉。王吉幾次三番前往司馬相如的住處拜訪，每次都顯得恭敬無比，使司馬相如的大名在臨邛縣廣為人知。富商卓王孫就是因為仰慕司馬相如的才情，才專門設宴款待他的。在卓家的宴會上，司馬相如可謂傾倒全場。據《史記》和《漢書》記載，司馬相如「雍容閒雅甚都」，儀態優雅，英俊瀟脫。他一出場，立刻吸引了所有人的目光，「一坐盡傾」。在為之傾倒的眾人之中，卓家千金卓文君也赫然在列。

《鳳求凰》求得芳心

卓文君是美貌端莊、氣質非凡的大家閨秀，但不幸的是，她剛剛守寡在家。宴會之時，卓文君正在隔壁房中。她早就聽說司馬相如文采斐然，氣質儒雅，如今從門縫中一看，果然名不虛傳。此時，卓文君已經對司馬相如心生愛慕，唯恐自己配不上他。

正在感慨之時，卓文君忽然聽到門外傳來一陣琴聲。原來，在座賓客聽說司馬相如擅長撫琴，便邀請他獨奏一曲以助興。在縣令王吉的再三請求下，司馬相如才拿出「綠綺」琴彈奏起來。通曉音律的卓文君聽得如癡如醉。這是一曲《鳳求凰》，琴聲之外還有歌聲，只聽司馬相如吟唱道：「鳳兮鳳兮歸故鄉，遨遊四海求其凰。時未通遇無所將，何悟今夕升斯堂……」這是大膽地表露心中感情的詞句，更為難得的是文辭優美，意境脫俗，一下子就打動了卓文君的芳心。緊接著，門外又響起了下一段，歌詞是：「有艷淑女在此方，室邇人遐獨我傷。何緣交頸為鴛鴦，胡頡頏兮共翱翔……」在深情的旋律中，卓文君終於被征服了。

夜晚，酒席散去，卓文君仍然沉浸在《鳳求凰》的美妙琴聲中。這時，她的貼身侍婢送來了一張令她意想不到的字條，竟是司馬相如不失時機的表白。卓文君這才意識到，原來司馬相如早知道她在隔壁，那首《鳳求凰》的曲子正是專門為她演奏的，想必司馬相如也早已傾心於自己。於是，卓文君匆匆收拾衣物，直奔司馬相如的住所。兩人連夜私奔，前往司馬相如在成都的老家。

從家徒四壁到富甲一方

富商千金卓文君竟連夜與人私奔，這件事立刻成了臨邛縣最熱門的話題。卓王孫聽後勃然大怒，連呼：「女兒如此不像話，我不忍心殺她罷了，但是絕對不分給她一分錢！」家人和朋友們紛紛替卓文君說好話，卻仍然無法改變卓王孫的決定。

卓文君跟隨司馬相如回到老家，看到他家中一貧如洗，「家居徒四壁立」，簡直不敢相信自己的眼睛。她想，當初司馬相如在臨邛時，穿戴裝束都不俗，還有大隊車馬跟隨，儼然大戶人家的公子，誰知竟如此貧窮，如何養活自己呢？然而轉念想到司馬相如的才華和深情，卓文君覺得應該滿足，便下定了與司馬相如過苦日子的決心。

可是生活畢竟是現實的，夫妻倆都沒有經濟來源，不久日子就過不下去了。卓文君只好拿出自己的名貴衣物去換些錢財，勉強維持生活。

久而久之，卓文君越來越悶悶不樂。一天，她終於鼓起勇氣對司馬相如說：「不如我們一同回臨邛吧。在那裡，隨便找我的兄弟們借些錢，也可以維持生活了，何必在這裡受苦呢！」司馬相如聽後表示同意，於是變賣了自己的車馬，與卓文君一起回到了臨邛，用這些錢開了一個小酒館。卓文君親自站在櫃檯前賣酒，司馬相如則穿著大圍裙和夥計們在屋裡洗碗。

私奔的風波才剛剛被臨邛人淡忘，夫妻倆受窮賣酒的消息又傳遍了全縣城。卓王孫覺得自己的顏面都被丟盡了，幾乎不敢出門。這時，親朋好友又來勸說卓王孫接濟女兒和女婿。有人說：「你有一個兒子和兩個女兒，如今家財萬貫，缺的並不是錢。文君已經與司馬相如結為夫婦，司馬相如雖然貧窮，但才華橫溢，是個可以依靠的人。況且他還是王縣令請來的貴客，何必讓大家都難堪呢？」這番話說動了卓王孫，他也實在不願女兒和女婿繼續在縣城裡丟人，無奈之下給了卓文君僮僕一百、錢財百萬，還有一大批嫁妝。拿到財產的卓文君和司馬相如再次回到成都，買房置地，從此過上了富足的日子。

真愛還是騙局？

如此看來，這段感情應該是圓滿了——從一見鍾情到大膽私奔，從艱難度日到衣食無憂，司馬相如與卓文君幾乎演繹了古今最浪漫的愛情故事。然而，細心來看，不難發現司馬相如的幾點破綻。

首先，司馬相如在走投無路之時投靠臨邛縣縣令王吉，卻處處表現得如同一個有家世的才子。他有車馬跟隨，在臨邛的驛館裡一住就是好幾天。王縣令天天去拜訪他，裝出很恭敬的樣子（「繆為恭敬」——《史記．司馬相如列傳》）。開始幾天，司馬相如還見他，後來乾脆稱病不見。而這位王縣令反而越發恭敬，仍然天天到訪。據史料記載，司馬相如與王吉是密友，密友之間如此的舉動實難叫人信服。而如此做法果然讓司馬相如在臨邛名聲大噪，身價陡升。終於，富商卓王孫提出宴請司馬相如。如此大費周章，令人不禁猜疑，司馬相如是不是有意引起卓王孫的注意，讓他設宴的呢？

繼而，在卓王孫的宴會上，司馬相如稱病不來，王吉再次誠意邀請，更做足了司馬相如的面子。接下來，便上演了「琴挑卓文君」一幕。依照常理，宴會的貴賓是不應該被邀請來彈琴助興的，然而王吉卻主動邀請司馬相如彈奏曲子。這樣做的用意有三：一是展現司馬相如的精湛琴藝，二是彌補司馬相如口吃的不足，三是明知卓文君通曉音律，故意以琴挑芳心。至此，司馬相如和王吉連袂上演了一臺戲，其指向很明顯，就是卓家千金卓文君。

在料想卓文君動心之後，司馬相如又買通了卓

文君井

四川邛崍文君公園中的文君井，相傳為司馬相如與卓文君開設「臨邛酒肆」時的遺物。

文君身邊的侍婢，將自己的愛慕之意表露出來。從這些跡象不難看出，司馬相如對贏取卓文君芳心一事是早有籌劃的，「琴挑卓文君」是他設計好的一個計謀。

當然，追求自己所愛的人也無可厚非。雖然這樣的處心積慮讓一見鍾情的浪漫蕩然無存，但畢竟稱不上「騙局」。問題在於，司馬相如是否對卓文君有真感情？他的預謀是為了愛情，還是財產？

這個問題至今仍無定論。一部分人認為是為了愛情，因為司馬相如與卓文君私奔後便回老家過起了苦日子，並沒有設法成為卓家女婿以分得家財，至於後來卓王孫分財產給他只是湊巧的事；另一種觀點則說司馬相如是為了財產，或是「騙財為主，同時騙色」。事實上，司馬相如在與卓文君私奔前根本沒有見過她，他所知道的關於卓文君的情況無非是富商的千金和她剛剛守寡在家而已。然而，他竟能在一天之內熱情表白，實在很難讓人相信感情的真實性。

後來，他與卓文君的酒館偏要開在臨邛，目的就在於逼迫卓王孫救濟他們。至於司馬相如為什麼沒有主動提出進卓家的門、要卓家的財，只是顧及自己的面子罷了。

時過境遷，對於司馬相如的主觀想法，後人已經很難從史料中分析出來了。不過，為財的說法論據更多，也更有說服力。此外，司馬相如婚後的三心二意也從另一個側面印證了這一點。

飛黃騰達，欲棄糟糠

司馬相如富甲一方後，開始踏上飛黃騰達的道路。漢武帝劉徹即位後，無意中看到司馬相如的成名作《子虛賦》，以為是古人的名篇，深為讚賞。後來，漢武帝聽說這是當世的一位年輕才子所寫，不禁又驚又喜，立即宣司馬相如覲見。

司馬相如辭別了卓文君，來到京師。他面見漢武帝說：「《子虛賦》所寫不過是諸侯打獵的事情，請允許我再作一篇賦，專門表現天子打獵的英姿。」漢武帝欣然應允。不久後，司馬相如果然寫出了一篇文辭華麗、氣勢恢宏的《上林賦》。漢武帝讀後非常高興，下令封司馬相如為「郎」（皇帝的侍從）。

自此，司馬相如仕途得意，在京師出盡風頭，享盡榮光，早把成都老家和糟糠之妻卓文君拋到九霄雲外了。隨著身邊的美女越來越多，司馬相如漸漸覺得卓文君配不上他了，竟產生了休妻的念頭。

一天，司馬相如派官差給卓文君捎去一封信，信上只寫了十三個字：「一、二、三、四、五、六、七、八、九、十、百、千、萬」，意思是無「億」（諧音意），即表明自己已對卓文君無意。卓文君看後，立刻明白了司馬相如的意思，心中又悲又恨，提筆寫下：「一別之後，二地相懸，只說三四月，誰知五六年。七弦琴無心彈，八行書無可傳……」竟用這十三個數字順連成一首情真意切的詩。司馬相如看到信後，感到萬分內疚，自知對不起卓文君。回想從前相濡以沫、淡泊度日的時光，他心生不忍，終於決定親自迎接卓文君進京。

後來，司馬相如以一篇檄文，巧妙地解決了當時巴蜀兩地形勢不穩的問題，進一步贏得了漢武帝的信任。這一次，司馬相如被任命為中郎將，持節出使西南邊陲，途中經過臨邛。司馬相如與卓文君一同風風光光地回到卓家，臨邛百姓夾道歡迎，卓王孫也感到十分歡喜。夫妻倆似乎重新回到了恩愛有加的生活。

千古悲劇，與君訣別

然而，司馬相如並未就此收斂自己的性情，一心一意地對待卓文君，反而更加放縱，時常周旋於脂粉堆裡。年過五十歲之後，司馬相如提出要娶一位茂陵（今屬陝西省咸陽市）女子為小妾，終於令卓文君忍無可忍。

幾次三番的三心二意，使卓文君開始懷疑司馬相如對自己的感情。這時，她想起當年司馬相如彈奏《鳳求凰》的情景，以及此後兩人共同經歷的許多事，隱約有一種被欺騙的感覺。倘若是出於真情而向她表白，又怎麼會在富貴之後朝三暮四，甚至想要拋棄自己呢？當年的「琴挑」即使不是別有用心的騙局，至少也是用情不夠深。如此想來，卓文君便更覺淒切哀怨。

「皚如山上雪，皎若雲間月。聞君有兩意，故來相決絕……淒淒復淒淒，嫁娶不須啼。願得一心人，白首不相離……」卓文君寫下了一首催人淚下的《白頭吟》。寫完後，她又在後面附上幾句話，其中有「錦水湯湯，與君長訣」這樣的壯烈語句。

看到這些詩句之後，司馬相如沒有一意孤行地納妾。然而，「與君長訣」的語句真的在十年之後應驗了。司馬相如因患消渴症（糖尿病）病情日漸加重，於漢武帝元狩六年（前一一七年）離開人世。卓文君孤身一人，在悲痛的情緒下身體逐漸衰弱，也在第二年深秋香消玉殞。

儘管人們都天真地希望司馬相如與卓文君能夠演繹一段美好浪漫而善始善終的愛情故事，但真相卻是有些殘酷的。司馬相如設下的愛情騙局，千古佳話最終成了千古悲劇。

龍椅上的「傻」帝王

晉惠帝司馬衷

一個智商低下的人能夠成為堂堂一國之君嗎？歷史就跟我們開過這樣的玩笑。晉惠帝司馬衷是中國古代的一位「傻」帝王，他的故事滑稽可笑，有些卻也真摯感人。他的無能導致了賈后亂政和「八王之亂」，耗盡了西晉王朝的氣數，但這一切，又怎能完全歸咎於他？

千古聞名「傻」皇帝

在中國歷史上，有一位皇帝天生智商低下，他就是西晉的第二位皇帝——晉惠帝司馬衷。司馬衷，字正度，是晉武帝司馬炎的第二個兒子，西元二九〇年繼位，三〇七年暴卒，在位十七年。司馬衷天生智力低下，根本無法當朝理政。他在位的十七年中，剛剛建立的國家迅速衰落，賈后干政，朝政混亂，各諸侯王並起爭權，爆發了史上有名的「八王之亂」。不堪國事的晉惠帝在動亂中被當作傀儡反覆挾持利用，甚至還一度被廢。最終，他在「八王之亂」平定之年突然死亡（一說是被毒殺），結束了荒唐難堪的一生。十年之後，西晉就被趁亂而來的匈奴人攻滅。從此，中國北方進入了長達三百年的五胡十六國的混亂時代。

對於司馬衷這個名字，人們可能有些陌生，但他鬧出的兩個笑話卻是家喻戶曉。一次，惠帝司馬衷在上林苑遊玩，聽到園中池塘內蛙聲響成一片，他湊上前去，傻兮兮地向身旁的隨從們問道：「這些咕呱亂叫的東西，是公家的，還是私人的？」還有一次，時值天下大亂，百姓饑荒，餓殍遍地，朝中大臣向晉惠帝奏報此事，誰知晉惠帝竟問道：「何不食肉糜？」（為什麼不吃肉粥呢？）滿朝文武聽後錯愕無言。災民們連飯都吃不上了，又哪裡來的肉粥呢？晉惠帝愚笨的程度由此便可想而知了。

傳位「傻太子」之謎

一個智力如此低下的人，怎麼能做皇帝呢？這就要從司馬衷的父親——晉朝開國之君晉武帝司馬炎說起了。

司馬炎是司馬懿的孫子、司馬昭的兒子。經過了祖父和父親兩代人的積澱和準備，司馬炎終於在西元二六五年逼曹魏皇帝退位，登上了皇帝的寶座。晉朝建立後，於西元二八〇年滅亡了東吳，結束了三國鼎立的局面，又一次統一了中國。社會初定之後，司馬炎開始疏於理政，沉溺於女色之中。據記載，司馬炎的後宮有萬人的規模，他的兒子就有二十六位之多。司馬炎的長子司馬軌早年夭折，次子司馬衷是楊皇后所生。當時楊皇后正得寵信，所以司馬衷被立為太子可謂名正言順。

司馬炎不是不知道太子在智商方面的缺陷，他也曾多次表達過對太子繼位的憂慮，甚至產生過另立太子的想法。然而在楊皇后的阻撓和佞臣的諂媚下，司馬炎一直猶豫不決。一次，他決定考一考這位愚笨的太子，就找來一些國家公文，派人送到東宮讓太子決斷。以太子的智商，

晉武帝司馬炎像

圖為唐代畫家閻立本所繪《古帝王圖》中的晉武帝司馬炎像。司馬炎（236 ～ 290 年），字安世，河內郡溫縣（今河南省焦作市溫縣）人，晉朝開國皇帝。他於 280 年滅掉東吳，使中國進入一個短暫統一的時期。

當然是解決不了這些問題的。這時，精明的太子妃賈南風靈機一動，想出讓別人代太子作答的主意，並讓代筆的人多引經據典，以顯得太子有學識。一旁的給事官張泓連忙勸阻道：「太子沒有學識，這是陛下早就知道的（妳引經據典反倒會露餡），如今應當就事論事作答，不可引書。」

賈南風一聽有理，就讓張泓寫了一份粗淺的答案，讓太子謄抄一遍，交給了晉武帝司馬炎。司馬炎看後非常高興，對朝臣們說：「誰說太子愚鈍！你們看，他平時不怎麼念書，處理政事不是一樣四平八穩嗎？」司馬炎從此就安下了心來。這一安心不要緊，卻為中國歷史留下了一個短命的王朝和一個千古聞名的「傻」皇帝。

傻也可敬，傻也可愛

晉惠帝的愚笨可笑至極，於是就被很多人冠以「白癡」的蔑稱，但這種貶損是有失公允的。首先，從醫學角度來講，「白癡」是智力缺陷病症中最嚴重的一種，表現是肢體比例畸形，不能理解言語，對物理刺激反應遲鈍，但晉惠帝不僅能正常上朝、答問（儘管說話不多，反應較慢），而且情感豐富，表露真摯而直接；其次，「白癡」是一種對人格極低的評價，但真實的晉惠帝卻是忠奸分明、重情重義，體現出很多帝王並不具備的可敬品性。

據《水經注》記載，在「八王之亂」中，朝廷的軍隊敗給了造反的諸侯王部隊，護衛晉惠帝的兵將和臣屬紛紛四散逃命，唯獨侍中嵇紹（「竹林七賢」之一的嵇康之子）留了下來，誓死保衛皇上。最後，敵兵將晉惠帝團團圍住。這時，敵軍將領衝上來要殺嵇紹，已經身負重傷的晉惠帝卻一把拉住敵將的手，叫道：「他是忠臣，殺不得啊！」這是多麼幼稚卻又真誠的話語啊！敵將沒有理睬他，一刀砍殺了嵇紹，鮮血頓時噴濺了晉惠帝一身。後來，晉惠帝脫險回朝後，每次上朝都穿著那件沾著血的龍袍。大臣們建議他脫下來洗淨或換一件新的，晉惠帝哭著對他們說：「這是忠臣嵇侍中的血，千萬不能洗！」滿朝文武聽後無不感喟。

晉惠帝並不是一個「白癡」，他有情感，有判斷力，辨是非，重恩義；從人格角度來說，他是一個「好人」，心地善良，真摯淳樸。他冒死保護忠臣，上朝不脫血袍，比起那些忠奸不分卻滿口仁義道德的帝王來說，不知要強多少倍。從醫學角度來看，晉惠帝的智力應屬愚魯、愚笨一類，比正常人的智商要低一些，但絕不是如「白癡」那麼差。但從一國之君應有的智力水準來看，他顯然又是一位「投錯胎」的帝王。可這一切，又怎能歸咎於他呢？

「傻漢」無能，「惡婦」當政

智力低下的晉惠帝當上了國君，晉朝如同人的身體失去了免疫力一般，但身體的健康敗壞是因為有病毒的入侵，晉惠帝的第一個皇后賈南風就是一個致命的「病毒」。

賈南風（又稱賈后）是一個道道地地的「惡婦」。她生在世家大族，是晉朝開國元勛賈充的女兒，因其門閥地位顯赫，被選為太子妃。賈南風其貌不揚，面目黧黑，身材矮小，是歷史上有名的醜女。她性格暴戾，凶殘成性，在做太子妃的期間，就曾經親手殺死數人。有一天，她發覺太子的小妾有了身孕，盛怒之下以戟投向這位小妾，致使這位小妾當場破腹，胎兒隨凶器一起掉落在地，場面慘不忍睹。晉武帝對兒媳婦的惡行感到非常憤怒，決定將她廢黜，一旁的佞臣連忙進言：「太子妃還年輕，嫉妒是婦人正常的感情罷了。」與賈家有舊交的大臣也連忙勸阻，晉武帝這才作罷。

晉惠帝繼位後，賈南風成了一國之母。可她不但沒有收斂，反而變本加厲，利用晉惠帝的愚笨無能，開始干預朝政。也正是從這時候起，晉朝的政局開始風雨飄搖。

權力欲極強又極端凶殘的賈南風，先是設計殺死了輔政的太傅楊駿和一干朝廷重臣，並夷滅了他們三族，把朝政大權獨攬過來；接著又假傳晉惠帝的旨意廢黜了晉惠帝的母親楊太后，並於第二年將其迫害至死。後來，她任命汝南王司馬亮和開國元勛衛瓘輔政，卻聽信楚王司馬瑋的挑撥，偽造聖旨命令司馬瑋捕殺了司馬亮和衛瓘，然後又以「擅殺」為名，誅殺了楚王司馬瑋。賈南風荒淫放恣，置丈夫晉惠帝於不顧，豢養男寵，時人皆知。她還製造懷孕假象，暗中找一個男孩作養子（賈南風沒有兒子），陰謀廢掉太子司馬遹，另立養子以鞏固地位。在遭到諸侯王的一致反對後，她乾脆殺死了太子司馬遹，「以絕眾望」。

賈南風一連串的惡行搞得朝廷混亂不堪，對王位覬覦已久的諸侯王終於找到口實，紛紛起兵造反，掀起了「八王之亂」。最終，趙王司馬倫領兵入宮，廢黜了這位凶殘的皇后。幾日後，一杯毒酒結束了這個「惡婦」醜陋的一生。

一代諍臣身後事

唐太宗推倒魏徵碑

一個是從諫如流的明君，一個是耿介直言的忠臣，唐太宗與魏徵不僅成就了彼此的政治美名，也鑄就了一段流傳千古的君臣佳話。然而生前君臣無隙，身後卻反目成仇——唐太宗為何推倒他親手撰書的魏徵碑？在這段君臣佳話的流傳中，又有哪些偏離歷史真相的記載？

千古君臣佳話

貞觀十七年（六四三年），六十四歲的魏徵因病溘然長逝。唐太宗聞訊後，悲痛萬分，罷朝五天，以示哀悼，並說出了那段千古名言：「夫以銅為鏡，可以正衣冠；以史為鏡，可以知興替；以人為鏡，可以明得失。朕常保此三鏡，用防己過。今魏徵殂逝，遂亡一鏡矣。」

北周靜帝大象二年（五八〇年），魏徵生於鉅鹿（今河北省巨鹿縣）。魏徵自少年時代起，便博覽群書，志在四方。他曾經效力過農民起義軍領袖李密、竇建德，太子李建成等，終因其皆非明主而無法施展抱負。「玄武門之變」後，唐太宗欣賞魏徵的才華，召他入朝。面對唐太宗的怒斥，魏徵坦言說：「太子如果早聽我的忠告，絕無今日！」這種直率的態度不但沒有讓魏徵獲罪，反而贏得了唐太宗的好感，使他成為太宗的近臣。

貞觀初年，濮州刺史龐相壽被告發貪汙，受到了削職處分。做為跟隨唐太宗出生入死幾十年的老部下，龐相壽冒死求見太宗，請求免於處罰。唐太宗先是氣憤地拒絕了龐相壽，然而晚上回到寢宮後，想起龐相壽忠心耿耿地追隨自己，如今年事已高，家有妻兒老小，又心生不忍，便傳話給龐相壽，讓他仍舊留任原職。魏徵聽說此事後，上書給唐太宗說：「不追究龐相壽的貪汙罪，令其留任原職，這等於縱容貪贓枉法。如果其他的老部下也因此而貪汙，陛下怎麼辦呢？」唐太宗慎思之後，還是決定撤銷自己的赦免。

一次，唐太宗巡幸洛陽，住在顯仁宮，看到茶具都是幾年前的舊器具，奉上的酒菜也不見山珍海味，便將總管大罵一頓，貶為庶民。魏徵瞭解情況後，立即面見太宗，直言這是不好的苗頭。太宗不以為然地說：「國家財富力強，一國之君多花點錢無可厚非。」魏徵憂慮地說：「正因為是一國之君，才不能開奢靡風氣的源頭，以防上行下效啊！」唐太宗依然認為魏徵危言聳聽。魏徵又以隋煬帝奢侈貪婪終致亡國的教訓警誡太宗，太宗這才意識到自己的失誤。

有一次，高句麗向唐太宗進獻了兩位美女，魏徵知道後表示不應當接受。唐太宗很贊成魏徵的意見，並說：「去年進獻了兩隻鸚鵡，我現在都老想著回宮，何況是兩位美女呢？」於是，就派人送了回去。

魏徵入朝為官之後，始終秉性忠直，仗義執言，只要是不利於江山社稷的，必定要站出來說話，甚至不惜犯顏進諫。唐太宗也擁有難得的氣量，敢於重用魏徵，先後提升他為祕書監、侍中、宰相，並封他為鄭國公。貞觀十六年（六四二年），魏徵病重，唐太宗多次派人送藥品和食物，親自到魏徵家中探望了兩次，還差遣了專人到魏徵家中看護，隨時稟報魏徵的身體狀況。唐太宗最後一次去看望魏徵時，看到他病情加重，便流著淚問：「愛卿有什麼未了的心願？」魏徵強撐著病體說：「我不擔心別的，只憂心國家的興亡啊！」一心為江山社稷立身立言的魏徵不愧為「千古第一諫臣」。

君臣楷模的真實矛盾

直諫難免犯顏，甚至讓君王下不了臺。魏徵的直言讓唐太宗既愛，又夾雜著怒、怕、無奈的複雜情感。

唐太宗當政期間，社會逐漸發展，出現了升平景象。唐太宗也漸漸滋長了一些奢侈作風。在眾多大臣的歌功頌德之下，唐太宗決定到泰山頂上舉行封禪大典（帝王祭告天地的慶功大典）。這時，魏徵又站出來反對，令唐太宗很不高興。魏徵從容地解釋說：「陛下功勞雖大，百姓受到的恩惠還不夠多；德行雖然高，還沒有恩及所有人；天下雖然安定，財力還不充足；糧食雖然豐收，但庫存還比較空虛。何況封禪耗費極大，中原以東地區至今還很荒涼，這不等於向四方暴露弱點，激發其覬覦中原的野心嗎？」唐太宗心中不悅，卻不知如何反駁，只好將封禪一事擱置不提。

魏徵的據理力爭有時也讓唐太宗心生敬畏。一次，唐太宗打算去山中打獵，行李都準備好了，但最終沒有成行。魏徵問及此事，唐太宗笑著說：「本來確實想去，但怕你諫阻，就取消了。」還有一次，唐太宗得到一隻鷂鷹，非常喜歡，便放在肩上玩耍。不料魏徵遠遠走來，唐太宗嚇得趕忙把鳥藏在懷中。魏徵彷彿意識到了，故意說了很久，以致鷂鷹悶死在唐太宗懷中，使他大為掃興。

幾次三番，魏徵的進諫令唐太宗感到既尷尬又憤恨。當魏徵又一次在朝堂上因直諫惹怒唐太宗時，唐太宗氣沖沖地跑到後宮，對皇后長孫氏說：「魏徵總是掃我的面子，總有一天我要殺了這個『鄉巴佬』！」長孫皇后聽了，卻連忙向唐太宗道喜，說：「臣子敢直言，是因為陛下賢明。明君擁有直臣應該欣喜，怎麼能開殺戒呢？」唐太宗猛然醒悟，對魏徵更加敬重。

唐太宗雖然賢明，能夠重用直臣，但仍不免有被衝撞後的不悅情緒。好在這些矛盾在魏徵生前都沒有激化，君臣的良好關係維持到了魏徵離世。

「砸碑悔婚」風波

魏徵離世以後，唐太宗下令以一品官禮葬，還把魏徵的畫像置於凌煙閣，經常前去憑弔賦詩。他還派人立起了魏徵碑，親自為魏徵撰書。

然而僅半年之後，唐太宗就親手製造了「砸碑悔婚」風波。他下旨解除了衡山公主與魏徵長子魏叔玉的婚約，並一怒之下推倒了魏徵的墓碑。這一舉動不僅震驚朝野，而且令後人唏噓。

魏徵精通書法，唐太宗曾出御府金帛購天下古本，命魏徵、虞世南、褚遂良等朝臣鑒定真偽。

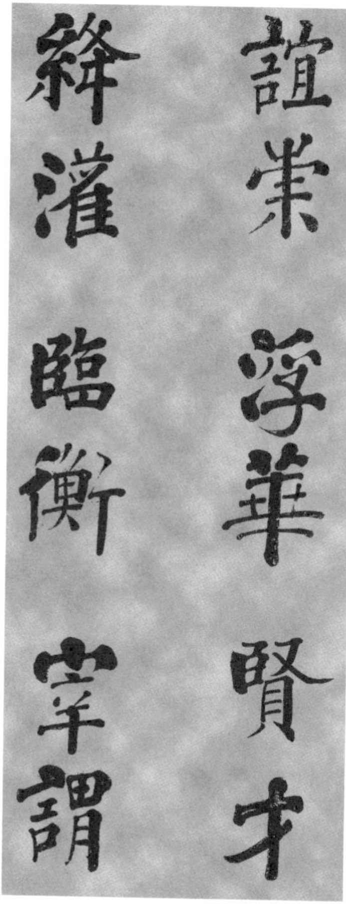

魏徵書法

據記載，魏徵死前支持太子李承乾，並大力舉薦原來的中書侍郎杜正倫和吏部尚書侯君集。然而，魏徵死後，李承乾竟冒險舉事，而後失敗。杜正倫和侯君集均為太子黨，兩人一個被貶，一個被殺。唐太宗想到這兩人都是魏徵舉薦，因此懷疑魏徵也參與了結黨營私。這時，曾頗受魏徵器重的褚遂良一見形勢不對，便主動告發說魏徵生前曾把給皇帝的奏疏副本拿給自己看。唐太宗聽後更加憤怒，終於下令推倒了魏徵碑。

關於唐太宗為何會遷怒於魏徵，有學者考證認為，這與唐太宗時期的山東貴族及關隴集團有關。

當時，魏徵的責任是接洽和監視山東貴族和關隴集團，以達到分合操縱各大政治集團的目的。而魏徵推薦出身山東盛門的杜正倫為相，還舉薦屬於關隴集團的侯君集出任武將，等於集合了東西文武的社會勢力。魏徵的行為不僅越過了唐太宗給他的許可權，而且有糾合勢力結黨謀權之嫌，令唐太宗無法容忍。即便此事在魏徵死後爆發，唐太宗還是採取了極端的措施。

時隔半年多，唐太宗決意對高句麗用兵，並自負地說，魏徵生前勸他不要東征高句麗是無稽之談。不久，唐太宗出兵失利，備感慚愧，便對群臣說：「如果魏徵在，絕不會讓我犯這樣的錯誤。」他一邊自省，一邊又下令重立魏徵的墓碑，並讓魏徵的兒子承襲鄭國公的爵位。

因此，儘管這對君臣在陰陽相隔之後有過令人痛心的決裂，但終因唐太宗的悔過而獲得了破鏡重圓的結局。然而，史書所載的這些均合乎事實嗎？

史學家曲筆的用意

關於唐太宗與魏徵的記載，主要見於司馬光、歐陽修等史學家所編寫的史書。其中關於魏徵直諫、唐太宗納諫的故事詳盡生動，即使是君臣因小衝突偶有不快，也終能讓唐太宗釋然，成為唐太宗虛懷若谷的佐證。因此，後人皆知君臣通力治國，肝膽相照，卻鮮有人知道魏徵死後的這段心酸事。即便後來唐太宗憤而推碑，也能夠悔悟改正，反而為君臣相知的故事增添了一些戲劇化的成分。

但是，近年來對史書記載存疑的人越來越多。首先是推倒的碑有沒有重立？據相關學者考證，高四公尺的魏徵墓碑上，碑首和碑側的花紋仍在，碑身卻非常平整，沒有刻字的痕跡。如果當時唐太宗下令重立墓碑，必定要撰文寫字，不會是一片空白。此外，原來的碑長期側臥在碑座旁，左下角殘缺了一大塊，直到西元一九九八年的冬天才由世界魏氏宗親總會出資修復。這說明，現存的魏徵碑很可能不是唐太宗重立的，而是後人立的。

其次就是唐太宗與魏徵的君臣之情是否真的如記載那般完滿？很多人懷疑，唐太宗在魏徵生前就有殺他之心，甚至有人認為他重用魏徵更多的是政治作秀。在權力傾軋、利益糾葛的朝堂上，如此理想的君臣之交恐怕是難以實現的。

那麼，史學大家為何要如此描繪這段往事呢？頌揚一位虛懷若谷的明君，歌詠一位剛直諫言的諍臣，並讓這對明君直臣的圓滿故事流傳千古，也許是為了讓後世君臣引以為範，君更賢明，臣更正直吧。從這個意義上說，歷史真相固然重要，從史學家描繪的君臣楷模中汲取精華同樣重要。

功蓋一代而主不疑

郭子儀的為臣之道

「權傾天下而朝不忌，功蓋一代而主不疑」，這是史家對中唐名將、四朝功臣郭子儀的評價。他率軍平定「安史之亂」，收復失地，有再造唐室江山之功；他一生赤誠報國，卻從不擁兵自重，令皇帝深深倚重；他為人寬厚，令朝野感佩，連敵人都對其心服口服。郭子儀的為臣之道成為古今稱頌的一個傳奇！

再造江山之功

武則天神功元年（六九七年），郭子儀生於華州鄭縣（今陝西省渭南市華州區）。其父郭敬之歷任吉、渭、壽、綏等四州刺史，贈太保，逝後被追封為祁國公。郭子儀自幼習武，熟讀兵書，早年間以武舉登第，補為左衛長上（皇帝禁軍中的幕僚）。此後，他因屢立戰功，多次被提升。唐玄宗天寶八載（七四九年），郭子儀出任橫塞軍使，拜左武衛大將軍，後又改封為天德軍使。五年後，他兼任九原郡太守、朔方節度右廂兵馬使。

天寶十四載（七五五年），「安史之亂」爆發後，唐玄宗慌忙任命郭子儀為朔方節度使，令他率軍平叛。年近六十的郭子儀迅速披掛上陣，率軍出單于府（今內蒙古和林格爾北），收復雲中（今山西省大同市）、馬邑（今山西省朔州市）等地，為官軍進軍河北掃清了道路。後來，他又與名將李光弼率十萬大軍，在九門城（今河北省槁城市）、嘉山（今河北省定縣）等地大戰史思明，殺敵數萬人，獲得全勝。

同年，潼關失守後，唐玄宗倉促逃往成都。其後，太子李亨在靈武（今寧夏回族自治區靈武市南）即位，是為肅宗。唐肅宗即位後，重新部署軍事力量平叛，任命郭子儀為兵部尚書、同中書門下平章事，依舊兼任朔方節度使。至德二載（七五七年）九月，唐肅宗向回紇借兵十五萬，以自己的兒子李俶為天下兵馬大元帥，郭子儀為副元帥，出兵收復兩京（長安和洛陽）。臨行前，唐肅宗對郭子儀說：「事情成敗，在此一舉。」郭子儀則說：「此行不捷，臣必死之！」

在郭子儀的指揮下，唐軍接連收復潼關（今陝西省渭南市潼關縣北）、陝州（今河南省三門峽市陝州區），然後一舉攻下長安。接著，郭子儀又揮軍東進，與十五萬叛軍交戰於新店（今河南省三門峽市西南）。郭子儀派兩千名精銳騎兵打頭陣，命一千名弓箭手設伏，令回紇軍隊從敵軍背後偷襲，自己則率主力大軍迎戰。後來叛軍中伏，腹背受敵，一潰千里。郭子儀乘勝收復洛陽。消息傳到朝中，唐肅宗欣喜萬分，立即封郭子儀為代國公。唐肅宗對郭子儀說：「大唐江山雖是朕的，卻是由愛卿再造的啊！」

彩繪貼金武官俑

到了唐代宗時，郭子儀再次被任命為副元帥，繼續剿滅「安史之亂」的殘餘部隊。唐代宗廣德元年（七六三年），持續了七年之久的「安史之亂」終於平息。然而，一波剛平，一波又起。同年，唐朝將領僕固懷恩舉兵叛亂，引回紇、吐蕃軍隊攻打長安，唐代宗棄都而逃。郭子儀臨危受命，率兵聲東擊西，使吐蕃軍隊陣腳大亂。他又在長安城中安插內應，裡應外合，僅用十五天便擊退了吐蕃軍隊，收復長安。

當時，郭子儀派兵守城，但不出擊。他對將士們說：「這些叛軍以前都是我的部下，如果速戰會激發他們的鬥志，而拖延則會讓他們無心戀戰。」果然，叛軍不久便潰散而退。廣德二年（七六四年），僕固懷恩聯合回紇、吐蕃等三十萬大軍捲土重來，又攻到長安城下。唐代宗急忙將郭子儀從河中召回，抵禦賊兵。郭子儀深知只有爭取與回紇結盟，重點打擊吐蕃，才能取得這場戰爭的勝利，於是決定親自前去遊說回紇軍。郭子儀以六十八歲高齡單騎赴回營，既不穿盔甲也不帶武器。回紇將領見狀連忙上前迎接。郭子儀與回紇將領暢敘「安史之亂」時並肩作戰的情誼，終於令回紇與唐朝聯盟，粉碎了僕固懷恩的陰謀。

功蓋一代而主不疑

功高難免震主，何況郭子儀手握重兵，威名遠揚。郭子儀之所以能做到「功蓋一代而主不疑」，一是因為他忠心耿耿，每當國家遇到戰事，便一馬當先，即便到了七八十歲高齡也是如此；二是因為他謙遜謹慎，從不居功自傲，無論手握重兵還是身在前線，只要皇帝召他回朝，從未延遲或推脫；三是因為他寬厚大度，即使皇帝對他猜忌打壓，仍然全力效忠。

唐肅宗乾元元年（七五八年），郭子儀與九位節度使共同討伐「安史之亂」的叛軍，由唐肅宗寵信的宦官魚朝恩統一節制（指揮管轄）。魚朝恩不懂兵法，指揮失當，使唐軍在這場戰役中慘敗，回朝後卻將責任全部推到郭子儀身上。唐肅宗信以為真，便削弱了郭子儀的兵權。後來，河東發生叛亂，朝中無將，唐肅宗只得起用郭子儀，郭子儀接到命令後立即整軍待發。不久，唐肅宗病重，不見朝臣，唯獨召見了郭子儀，並吩咐說：「河東的戰事，都依仗愛卿之力了……」郭子儀痛哭流涕，連聲應允。

唐代宗即位後，對功高位重的郭子儀有些心存忌憚，加之朝臣挑撥離間，便罷免了郭子儀的副元帥之職，派他去督造皇陵。後來，朝廷需要剿滅「安史之亂」殘部，便召郭子儀回京，重新任命他為副元帥。郭子儀毫無怨言，立即趕赴沙場。不久，吐蕃叛亂，郭子儀接到平叛命令時，手中只有二十多名騎兵。但他仍然立即驅兵趕往長安，一路上收集散兵四千餘人，最終與各路兵馬會合。

郭子儀率兵打敗吐蕃後，唐代宗不敢回長安，決定將洛陽作為國都。郭子儀便上疏說：「長安的地理和戰略位置十分重要，近來被吐蕃侵犯，是因為軍隊不精，政務荒廢。陛下若憂慮長安遭到掠奪後物資匱乏，只要組織重建，安撫百姓，訓練軍隊，不出一個月就會有起色。」唐代宗看到郭子儀的上疏，感慨地說：「郭愛卿對國家一片公心，功在社稷，朕要及早回到長安。」唐代宗回京後，親自下車扶起叩拜在地的郭子儀。其後，唐代宗又賜給郭子儀免死牌，並在凌煙閣為郭子儀畫像，以表彰其功績。

唐德宗更是尊郭子儀為「尚父」，禮敬有加。建中二年（七八一年），八十四歲的郭子儀病逝，唐德宗廢朝五日，悲痛哀悼，還親自為他的遺體送行。

權傾天下而朝不忌

郭子儀深受皇帝倚重，卻不為朝臣所忌，這是因為他為人仁厚，素來與人為善之故。與郭子儀齊名的將領李光弼曾經對郭子儀心有不服。「安史之亂」爆發後，朝廷要選一名將領出任河北節度使，郭子儀出於公心推薦了李光弼。

李光弼以為郭子儀有意讓自己去送死，便憤憤地說：「我死後，請你不要加害我的家人可以嗎？」郭子儀真誠地說：「我推舉將軍，完全是因為將軍的才能。如今國難當頭，我怎麼會藉此報私仇呢？」李光弼聽後萬分慚愧，便與郭子儀盡釋前嫌。

唐代宗時，宦官魚朝恩處處與郭子儀作對。有一次，魚朝恩邀請郭子儀一同出遊，郭子儀的家人都勸他不要去，郭子儀卻說：「我是大唐臣子，如果他沒有得到陛下的命令，怎麼會加害於我？如果他手握陛下的密令，我就更不能不去。」於是，他沒帶一兵一卒，孤身一人去見魚朝恩。魚朝恩見到郭子儀驚訝地問：「你怎麼就這麼來了？」郭子儀便將有關魚朝恩要加害自己的流言如實相告，並說自己不會相信這些。魚朝恩流著淚說：「您如此相信我，真不愧為德高望重的長者。」

唐代宗大曆二年（七六七年），郭子儀的祖墳被盜，朝臣們紛紛猜測是何人所為，郭子儀卻主動上表說：「臣常年率兵征戰，殺戮了很多人的父兄。如今臣的祖墳被盜，是上天對臣的責罰啊！臣該好好反思自己的罪行。」滿朝文武聽後無不感佩郭子儀的氣度和胸懷。

郭子儀不僅獲得朝臣的稱譽，還深受曾與之交戰的敵兵敬重。回紇人常稱他為「郭令公」、「神人」；「安史之亂」的叛軍部將也有很多聽命於他，後來歸降到他麾下。

萬千寵愛於一身

翻雲覆雨的萬貴妃

一位比皇帝年長近二十歲的妃子，竟能集萬千寵愛於一身，力壓前後兩位皇后，成為實際上的六宮之首。這位傳奇的妃子就是明憲宗的萬貴妃。萬貴妃做了二十餘年有實無名的皇后，驕縱橫行，翻雲覆雨，迫害後宮妃嬪，結納朝廷大臣，即便如此也不失寵於明憲宗。她何以專寵一生？又落得怎樣的結局？

一妃力壓兩后

在中國歷史上，後宮得寵的妃子數不勝數，但沒有一位像萬貴妃一樣傳奇。她比明憲宗朱見深足足大了十七歲，卻能得皇帝專寵，讓明憲宗的兩位皇后一位被廢，另一位成為傀儡。

天順八年（一四六四年），明英宗駕崩，太子朱見深即位，史稱明憲宗。明憲宗登基後，便迫不及待地將宮女出身的萬氏立為嬪妃，並向錢太后和周太后奏請立萬氏為后。這一年，明憲宗十八歲，萬氏三十五歲。宮中一片譁然，兩位太后以萬氏年長且出身卑微為由，不准立其為后。後來，太后和皇帝經反覆商議，決定冊立年輕貌美的吳氏為皇后。

然而，明憲宗仍一心戀著萬妃，不但經常留宿在她的宮中，還對她百般呵護，寵愛有加。後宮嬪妃都感到十分不解，怎麼也想不明白這個年長色衰的萬妃有什麼魅力，吳皇后更引以為奇恥大辱。而萬妃恃寵而驕，根本不把吳皇后放在眼裡，時常當面頂撞和奚落吳皇后。

一次，吳皇后看不慣萬妃的驕縱，當面斥責了她；萬妃也毫不示弱，對吳皇后惡語相向。吳皇后一氣之下，命宮女對萬妃施以杖責。依照禮法，皇后對言語不敬的嬪妃進行處罰並無過錯，但備受寵愛的萬妃如何受得了這等委屈，連忙跑到明憲宗面前告狀。明憲宗看到萬妃身上的傷痕，心疼萬分，要去找吳皇后評理。萬妃趁勢哭哭啼啼地說：「既然皇后看臣妾不順眼，皇上就把臣妾趕出宮去吧，省得臣妾再被打罵……」明憲宗大怒，立即奏請太后說：「吳皇后舉止不端，不守禮法，應予廢黜。」兩位太后十分驚訝地說：「皇后才冊封了一個月就被廢掉，豈不惹人笑話？」無奈明憲宗執意廢后，太后也只得恩准。於是，可憐的吳皇后位置還沒坐穩，就被打入了冷宮。

吳皇后被廢，明憲宗再次提出立萬妃為后的想法。然而，太后仍以同樣的理由回絕了。於是，賢妃王氏被冊立為皇后。有了前車之鑒，王皇后再也不敢得罪萬妃，終日唯唯諾諾，謙遜謹慎，實際上把後宮實權都移交給了萬妃。在此後的二十餘年中，萬妃成為真正的後宮之主。人們不禁疑惑，一個出身卑微、年老色衰的女子，為什麼能牢牢抓住明憲宗的心呢？這一切還要從萬氏的生平說起。

明憲宗的精神支柱

據《明史》記載，萬氏是青州諸城（今山東省諸城市）人，四歲進宮，成為明英宗時孫太后（明憲宗的祖母）的宮女。對於萬氏的名字，正史沒有記載，野史多稱萬氏小名為「貞兒」。萬氏自幼聰明伶俐，能說會道，善於逢迎，深得孫太后喜愛。

正統十四年（一四四九年），明英宗在「土木堡之變」中被蒙古瓦剌部擄走後，孫太后和朝臣擁立明英宗的弟弟朱祁鈺為帝，史稱「明代宗」，並冊立時年兩歲的朱見深為太子。為了照顧好年幼的太子，孫太后派十九歲的宮女萬氏侍奉太子左右。從此，萬氏開始進入朱見深的人生。

朱見深是一個位置很尷尬的小太子，當朝皇帝是自己的叔父，親生父親從瓦剌回京後又被幽禁起來，宮中各色人等對他都不冷不熱的。特殊的童年生活，使朱見深從小就寡言少語，性格內向。在朱見深的童年生活中，萬氏是唯一一位與他朝夕相處、悉心照料他的女性。

翻雲覆雨弄陰謀

景泰三年（一四五二年），根基已穩的明代宗決定改立自己的兒子為太子，於是廢黜朱見深的太子之位，降為「沂王」。這一年，朱見深才五歲，卻已看盡了世態炎涼，嘗盡了世間冷暖。他不但受到宮中人的孤立和歧視，還隨時有可能被禁閉，甚至被處死，天天都生活在恐懼之中。這種黯淡無光的日子一過就是五年。

在朱見深最絕望的這五年中，萬氏始終陪伴在他身邊，不但悉心照料他的飲食起居，還給了他精神上的支持。此時的朱見深，對萬氏已經有了母親般的依賴感。

五年後，明英宗重新奪回帝位，朱見深也恢復了太子身分。儘管重獲榮耀，但此時的朱見深已經再也離不開萬氏了。即便登基以後，明憲宗仍然需要萬氏日夜陪伴左右。據史料記載，朱見深一直有嚴重的口吃，懼怕與群臣說話，所以上朝時如果准奏，往往只說一個「是」字。然而，下朝後回到萬妃住處，明憲宗便感到自由自在，沒有壓力。《明史》記載，明憲宗每次遊幸，萬妃必身穿戎裝，騎馬前驅。一些現代心理學家經過分析認為，這樣能夠帶給明憲宗安全感。於是，憑藉多年的陪伴與精神上的支持，萬氏始終占據明憲宗心中最重要的位置，而這也是她日後弄權營私、翻雲覆雨最大的資本。

萬妃專寵後宮，卻並不滿足，她自知出身卑賤，才貌都不出眾，年紀又與太后差不多，很難登上皇后的寶座。於是她便寄希望於早日誕下皇子，母憑子貴，日後能榮升太后。

由於明憲宗的專寵，萬妃的這個願望很快地就達成了。明憲宗成化二年（一四六六年），三十七歲的萬妃產下了皇長子。明憲宗大喜，立即加封她為皇貴妃。可惜的是，這個皇子未滿周歲便夭折了，更為不幸的是，萬貴妃自此失去了生育能力。儘管明憲宗還是一如既往地寵愛她，但她卻極度心理失衡，自此容不得其他嬪妃懷胎。

據《明史》記載，宮中一旦哪位嬪妃有了身孕，萬貴妃便會不擇手段地給她灌湯藥，將腹中胎兒墮掉。嬪妃們懾於萬貴妃的權勢，都敢怒而不敢言。一晃幾年過去了，明憲宗仍沒有子嗣。朝臣們都對此憂心忡忡，紛紛進言勸明憲宗「雨露均沾」，即多臨幸其他嬪妃。明憲宗只說：「這是朕自己的事情，自會作主。」

萬貴妃越發驕縱，對內結納宦官，對外拉攏朝臣，權勢越來越大。佞臣梁芳、錢能、鄭忠、汪直等人為了討好萬貴妃，以宮廷採辦為名大肆搜刮民脂，傾盡府庫錢財，購買奇珍異寶進獻給萬貴妃。朝臣萬安也千方百計地巴結萬貴妃，不惜把自己變成萬貴妃的姪子輩，最終竟爬到了大學士的位置。對於萬貴妃的恣意妄為，明憲宗自然心知肚明，但只是聽之任之。

然而，令萬貴妃意想不到的是，成化十一年（一四七五年），後宮中卻突然「冒」出了一個六歲的皇子。原來，六年前，在宮中專職守內藏的女史紀氏，因一次偶然的機會得明憲宗臨幸而懷孕。萬貴妃風聞此事後，令紀氏打胎。但派去督辦此事的人不忍心殘害皇家血脈，便假稱紀氏是病痞[28]，並未懷孕。

後來，紀氏在安樂堂（宮中有過失或患病的宮人所居之處）生下了一個男孩。她怕因此惹來殺身之禍，於是悄悄委託太監張敏將孩子抱去溺死。張敏知道明憲宗還沒有子嗣，便將這個孩子祕密哺養起來。一天，張敏為明憲宗梳頭，明憲宗對鏡感嘆道：「老將至而無子。」張敏這才將事情和盤托出。「多年無子」的明憲宗喜不自禁，下詔立六歲的皇子朱祐樘為太子，加封其母紀氏為淑妃。

萬貴妃得知明憲宗「喜得皇子」的消息後，氣急敗壞地說：「這些奴才們竟敢騙我！」不久，太子的生母淑妃就暴亡了，朝野內外皆疑心是萬貴妃所為。周太后為了避免太子發生不測，趕緊將他接到自己的宮中，嚴加看護。無奈的萬貴妃只好不斷在明憲宗耳邊進讒言，要廢掉太子。與此同時，萬貴妃的親信宦官、朝臣也在明憲宗面前多番勸諫。後來，明憲宗終於決定要

28病痞：一種脾臟會腫大致肚脹的疾病。

廢黜太子，不料當年泰山突發地震，朝野皆認為廢太子之舉違背天意。明憲宗不免恐懼，這才作罷。

成化二十三年（一四八七年），萬貴妃在毒打宮人時因痰厥而死。明憲宗悲痛欲絕，廢朝七日，為萬貴妃舉行了皇后級別的葬禮。他還哭著說：「萬貴妃這一走，朕還能活多久呢？」同年八月，明憲宗果然鬱鬱而終。

勵精圖治的亡國之君

無奈的崇禎帝

「勵精圖治」與「亡國之君」，這本是相互矛盾的命題。傳統印象中，亡國之君或昏庸殘暴，或荒淫無度，或庸碌無為，但明朝的末代皇帝崇禎帝卻是一個最不幸的例外。他是中國歷史上最勤勉的帝王之一，勤儉治國，最終卻落得國破身死的悲慘結局。

明朝最勤勉的皇帝

天啟七年（一六二七年），昏庸荒唐的明朝第十五位皇帝——「木匠皇帝」明熹宗朱由校駕崩。由於他沒有留下子嗣，皇位由其五弟信王朱由檢繼承。朱由檢就是明朝的末代皇帝崇禎帝。

崇禎帝是中國歷史上有名的勤勉帝王，史稱他「聞雞而起」、「夜分不寐」，因為積勞憂國，未到中年就已白髮叢生。與常年罷朝的前任帝王不同，崇禎帝勤於政事，事必躬親，從不停輟朝會，召對也時時舉行，未敢有過絲毫懈怠。

崇禎帝是中國古代最為節儉的帝王之一。他的吃穿用度非常樸素，宮中所用的餐具一律是銅器甚至木器，宮內無大事不辦宴席，也很少聽到歌舞之聲。為了節省國家開支，崇禎帝廢止了江南織造（負責採辦皇家用具的機構），並大規模地裁撤驛站，以此減免壓在百姓肩頭上的重負。在國庫緊張時期，崇禎帝還多次下詔「撤樂」、「減膳」，並將宮中的貴重器物拿出來充作軍餉。

崇禎帝繼位之初，就懷著力挽狂瀾的救國志向，誓做一代中興帝王。他登基不出月餘，便以老辣幹練的手段，迅速剷除了禍亂國家已久的「宦黨」首領「九千歲」魏忠賢及其餘黨，平反了很多宦官專權造成的冤假錯案。此舉令世風為之大振，百姓歡欣鼓舞，都紛紛稱頌新即位的崇禎帝為「聖王」。崇禎帝在位的十七年中，曾多次下令各地州、府開倉賑濟災民，傳令天下招攬賢才，廣納善言，還頒布「罪己詔」反省自己執政中的不足。

縱觀明朝的皇帝，嘉靖帝癡迷於煉丹成仙，正德帝整日沉溺於聲色犬馬，萬曆帝近三十年不理朝政，天啟帝則執著於木工奇巧、縱容宦官亂政……與他們相比，崇禎帝稱得上是一代賢君。勤勉有為的崇禎帝原本有可能締造一個太平盛世，但天意弄人，歷史留給他的卻是一個瀕臨亡國的爛攤子。

時運不濟，無力回天

那麼，傳到崇禎帝手中的究竟是怎樣的一個國家呢？

從王朝內部來看，由於歷代明朝政府的無能和地方官僚的貪暴，國家的經濟已經是日薄西山。國庫虧空，朝廷用度捉襟見肘，一般百姓更是窮困不堪。而這一時期又正趕上地理氣候的「小冰河期」，從十六世紀開始，地球的氣候趨向嚴寒，農作物的生長受到很大的影響。各地降雨稀少，全國陷入長達數十年的大旱災，同時還伴隨著頻繁的地震和嚴重的鼠疫。

到了崇禎年間，全國各地都爆發了大饑荒，連天子腳下的直隸地區也未能倖免。從山陝地區到齊魯、荊楚大地，饑民遍布鄉野。饑餓的百姓吃光了樹皮，就以一種叫「觀音土」[29]的白色土塊充饑。這種「觀音土」吃了不好消化，很多人因此腹脹而死。後來，很多地區多次出現「人相食」的悲慘場面，獨自出行的人經常莫名其妙地失蹤，實際上是被饑民捉去吃掉了。甚至明朝軍隊在外打仗時，也有因糧草不足而吃人的現象發生，由此可見當時災荒的嚴重程度。

29觀音土：即高嶺土，含大量氧化鋁。

在這種情況下，無法生存的百姓只得揭竿而起。於是在明朝末年各地農民起義風起雲湧，延續到崇禎一朝，情況更加嚴重。高迎祥、李自成、張獻忠等農民起義將領所率領的農民軍已形成很大的規模。他們攻城掠地，割據稱王，使得明朝政府疲於應對。

如果說王朝內部的糟糕狀況已足夠使明王朝岌岌可危，那麼關外後金政權的入侵則讓國勢變得越發不可收拾。滿族人建立的後金政權日漸壯大，八旗鐵騎縱橫關外。明朝軍隊雖然裝備優良（火器的配備率是當時世界第一），卻仍然無力抵抗。關外的明朝土地大片淪陷，而明朝政府組織的多次大規模反擊也都以失敗告終。明朝政府只得在關外收縮防線，退守幾個大城池，將戰局的主動權拱手送人，自己則完全處於被動挨打的境地。

此時東南沿海的形勢也不樂觀。明朝末年海盜猖

紫禁城奉天殿

該殿建成於明永樂十八年（一四二〇年），初名奉天殿，嘉靖四十一年（一五六二年）重建後改稱皇極殿，清代順治二年（一六四五年）更名為太和殿。這座大殿是新皇帝登基、頒布重要詔書、公布新進士黃榜、派大將出征等重大慶祝、典禮儀式舉行的地方。

獗，日本浪人和中國海盜勾結，不斷侵擾東南沿海諸縣，燒殺劫掠。明朝政府多次前往清剿，但海盜流動性很強，而且撲而復燃，搞得明朝政府精疲力竭。後來，明朝政府採用了招撫海盜的辦法，取得了一定的成效（如招降了鄭成功的父親鄭芝龍）。但隨著國勢的衰落，東南邊防問題也越發嚴重起來。

國家的外事已是萬分危急，朝廷的內部更是腐敗透頂、混亂不堪。歷代明朝皇帝疏於政事，造成了朝中宦官專權的局面。宦官們掌握著殘酷的「特務部隊」——錦衣衛和東廠，有的甚至掌控明朝一些重要的軍權，以此迫害異己，獨霸朝堂。與他們相對的勢力是明朝的文官集團，然而這些士子文人非但不是國家的救星，反而成為重要的掣肘力量。明朝的文官們長期以來形成了自己獨特的利益群體，他們相互結黨，共同對抗「宦權」甚至「皇權」。

明萬曆帝就是因為感到自己在文官集團面前無法有所作為，才一氣之下罷朝，自此近三十年不上朝。這些自詡「清流」的文人，很多也和朝中的一些陰暗勢力勾結在一起，其中有不少人還曾為權宦魏忠賢歌功頌德。

待到崇禎帝登基，他身前的大明王朝已是一個不折不扣的「爛攤子」——蛀洞遍布，四下漏風，稍加外力便會房倒屋塌。即便崇禎帝胸懷大志、兢兢業業，也已經無力回天了。

多疑自負釀悲劇

崇禎帝的不幸有歷史的必然因素，也有他自身性格缺陷所造成的問題，那就是他的多疑與自負。

崇禎帝的即位存在了一些偶然因素。他的父皇明光宗朱常洛並沒有把皇位傳給他，而是傳給了他的哥哥朱由校。按照歷代「父死子繼」的傳統，崇禎帝原本不會再有當上皇帝的機會。但朱由校荒唐早卒，且沒有子嗣，於是崇禎帝幸運地登上了皇帝的寶座。崇禎帝自幼看盡了皇家的政治陰謀與爭奪，加之即位過程如此波折，便形成了猜忌多疑的個性。而他一登基就扳倒了大宦官魏忠賢及其黨羽，又讓他對自己的能力和對未來的期望有了過高的估量。

一心圖強卻趕上時運不濟，國內外諸事無一順意，這讓心氣頗高的崇禎帝有了挫敗感。為了扭轉時局，他更加苛刻地要求和約束自己，行為近乎極端；同時，他也以同樣苛刻的標準要求臣子，幻想著他們能如自己一樣恪盡職守，任勞任怨。如果臣子們工作做得稍有不妥或者懈怠，崇禎帝便會認為這是臣子無能、不忠甚至有謀反之心。這種歇斯底里的心態使得臣子們人人自危，整日戰戰兢兢、提心吊膽。

崇禎帝在位的十七年中，由於不信任或者反感，一共任免過五十位內閣大學士，這幾乎相當於宋朝一代大學士的數量總和，可謂曠古未有。同時，朝廷各部臣子也被他走馬燈似的更換，其中包括十七位兵部尚書（其中多人被他下獄處死或者流放）、十六位刑部尚書、十三位吏部尚書、十三位工部尚書、八位戶部尚書。在調配前線作戰將領方面，崇禎帝更是毫無耐心可言。負責對後金作戰的總指揮官接二連三地被裁撤替換，有的是因為某一場戰役的失利，還有的甚至是因為進行戰略防禦而被崇禎帝認為是「怯敵」，於是予以罷免。在鎮壓農民起義軍的過程中，崇禎帝同樣如此。與此相對，崇禎帝不斷地詔令天下廣薦賢才，自己則認定了身邊的臣子無能和瀆職。

崇禎帝對朝臣不僅任免頻繁，而且獎懲刻薄。崇禎帝一朝，先後有袁崇煥、楊嗣昌、孫傳庭、盧象昇、洪承疇、熊文燦、陳新甲等人被委以軍事重任，但崇禎帝卻讓他們幾乎無一善終，不是被遷怒處死（有的甚至遭到「凌遲」之刑），便是被逼上陣戰死沙場，其餘的則是孤軍被圍而得不到援助，最後或被俘，或倒戈投降。其中，崇禎帝因皇太極一個簡單的反間計而冤殺「國之屏障」袁崇煥，則是最為著名的「自毀長城」的行為。

多疑與自負的性格使崇禎帝無法建立對臣子的信任，既做不到知人善任，客觀評價臣子的能力，又做不到用人不疑，寬恕臣子的一時失誤。在內憂外患並起的嚴峻形勢下，崇禎帝還沉浸在對朝臣的刻毒怨恨和對自己的懷疑自責等複雜情緒中，不但於事無補，而且越陷越深，終於難逃「亡國之君」的命運。

可悲可嘆的「亡國之君」

崇禎十七年（一六四四年）三月，李自成率領農民起義軍攻陷北京外城，明朝軍隊潰敗。崇禎帝嘆息通宵，大呼：「內外諸臣誤我！誤我！」此時的崇禎帝自知明朝將亡，萬念俱灰，念及自己勵精圖治十七年，卻落得國破家亡的下場，心理防線徹底崩潰，情緒走向極端。他招來周皇后和袁貴妃，連呼左右侍從進酒。一口氣喝了幾十杯後，崇禎帝便命周皇后和袁貴妃自盡殉國。周皇后一陣痛哭後，回坤寧宮自縊而死。隨後，崇禎帝又揮劍砍傷了自縊未成的袁貴妃，見長平公主在一旁哭泣不已，崇禎帝長嘆道：「汝為何生我家！」崇禎帝一劍砍去，公主舉臂阻擋，被砍斷一臂，昏死過去。接著，他又一口氣殺了幼女昭仁公主和幾個嬪妃。絕望卻在此時激發了崇禎帝的求生本能，他匆匆換上便服，準備混出城。當時城門緊閉，崇禎帝從朝陽門輾轉至安定門，卻無法令人開城門。崇禎帝的求生之路被徹底截斷了。

三月十九日拂曉時分，太監王相堯於宣武門投降，大順軍將領劉宗敏率領部隊浩浩蕩蕩進入北京城。驚慌失措的崇禎帝親自在奉天殿鳴鐘召集百官，卻沒有一個人來。崇禎帝成了真正的「孤家寡人」。由於往日的刻薄寡恩，崇禎帝赴死之時，只有一位名叫王承恩的老太監陪伴。無比淒慘的崇禎帝用鮮血在自己的御袍上寫下了遺書：「朕涼德藐躬，上干天咎，致逆賊直逼京師，然皆諸臣之誤朕也。朕死無面目見祖宗於地下，自去冠冕，以髮覆面。任賊分裂朕屍，勿傷百姓一人……」然後自縊身亡。

在人生的最後時刻，勤勉愛民的崇禎帝仍念及百姓安危，懇請「賊人」哪怕分裂自己的屍體，也不要傷害百姓。此言此行，催人淚下，但他多疑、自負的性格弱點也彰顯無遺。在臨死之時，他仍然認為亡國的責任在於「諸臣誤朕」，把主要罪過推給了自己的臣子。崇禎帝之死，可悲可嘆。

崇禎帝雖然是「亡國之君」，但他本來有成為一代明君的潛質；雖然有性格的缺陷，但終歸不干存亡大道。可憐的是他生不逢時，面對一份註定傾頹的事業，即便他的所作所為盡善盡美，也無法挽回氣數將盡的大明王朝。因此，後人對崇禎帝的評價大多不是苛責，而是惋嘆。

崇禎帝於煤山（今北京市西城區景山公園）自縊處

攻入紫禁城的李自成曾中肯地評價崇禎帝說：「君非甚闇，孤立而煬灶恆多；臣盡行私，比黨而公忠絕少。」並好生收殮了崇禎帝的遺體。而清政府在編修《明史》時也不得不承認：「崇禎帝慨然有為，即位之初便能機智果斷地剪除奸逆之臣。可惜的是大勢已去，朝廷中門戶相爭，戰場上將驕卒惰，國家已經到了潰爛的境地。他在位十七年，不近聲色之事，勤勉不怠，憂國憂民，耗盡心力治理國家。雖然想得到非常之材，而用匪其人，益以僨事（敗事）。又復信任宦官，舉措失當。」崇禎帝可謂不幸。

亂世紅顏
有爭議的陳圓圓

一代名妓陳圓圓是明末清初最具傳奇色彩的女性。她的傳奇不僅在於豔冠群芳、魅力獨具，更在於她吸引了當時最重要的三股勢力——明朝廷、李自成與吳三桂，並客觀上影響了吳三桂降清，改變了歷史進程。而對這位亂世紅顏的評價至今仍是人們津津樂道的話題。

「秦淮八豔」之首

明崇禎末年，李自成率領農民起義軍四處征戰，步步緊逼北京。此時的明朝廷早已人心渙散，崇禎帝日夜愁眉不展。

為了消解崇禎帝的憂愁，外戚田弘遇（崇禎帝寵妃田貴妃之父）決定到秦淮一帶尋得美女獻給皇帝。當時，秦淮有「八豔」，居於首位的便是陳圓圓。

陳圓圓原名邢沅，字畹芬，長得花容月貌，婀娜多姿，能歌善舞，且通曉文墨。田弘遇見到陳圓圓後，驚為天人，便將她帶回京城獻給崇禎帝。然而，亂世中的崇禎帝無心美色，田弘遇只好將陳圓圓帶回府中。

崇禎十七年（一六四四年），李自成攻到北京。崇禎帝慌忙召將領吳三桂回京，加封他為平西伯，令其應戰。一天，田弘遇在府中設宴款待吳三桂，席間令陳圓圓歌舞助興。吳三桂一見陳圓圓，便心馳神往，欲占為己有。恰在此時，吳三桂的侍衛慌慌張張地前來告急，稱「寇軍又攻了過來」。田弘遇聽後驚慌失措，忙問吳三桂：「寇軍就要打過來了，我該怎麼辦啊！」吳三桂笑著說：「只要將陳圓圓送給我，我便保你全家平安。」說完不等田弘遇回話，吳三桂便帶陳圓圓離去了。

自此，陳圓圓成為吳三桂的小妾，備受寵愛。後來，吳三桂為了對抗李自成的部隊，趕赴山海關，將陳圓圓安置在京城府中。

衝冠一怒為紅顏

不久，北京城失陷，崇禎帝自縊身亡，朝臣多投降了李自成。吳三桂的父親投降後，給吳三桂寄去了勸降信。吳三桂本打算率軍投降，不料，此時形勢卻發生了戲劇性的變化。

李自成攻占北京後，志得意滿，開始恣意妄為，並放任屬下燒殺淫掠。李自成的部將劉宗敏率軍四處搶占明朝權貴的府第，搜掠府中的美女。他聽說名妓陳圓圓還在吳三桂府中，便立即帶人將她捉來，強行據為己有（還有一種說法是李自成垂涎陳圓圓的美貌，派劉宗敏奪來欲納為嬪妃）。

打算投降的吳三桂聽聞愛妾陳圓圓被李自成部將擄走，登時火冒三丈：「大丈夫不能保護自己的女人，顏面何存！今生今世，我與李自成誓不兩立！」於是，吳三桂轉而率軍投降清兵，攻打李自成。

這就是歷史上著名的「慟哭三軍俱縞素，衝冠一怒為紅顏」。

有關「衝冠一怒為紅顏」的情節明確記載於《清史稿》之中，這說明吳三桂降清的直接原因是為了奪回陳圓圓。當然，也有學者從其他角度分析，認為吳三桂降清也有審時度勢、順應潮流的原因。

吳三桂引清軍入關，合力攻打北京城，不久李自成便兵敗逃走。吳三桂奪回陳圓圓，還被清朝加封為平西王，後來鎮守雲南。陳圓圓隨吳三桂遷徙到雲南，度過了她鮮為人知的後半生。

眾說紛紜身後事

關於陳圓圓此後的生活以及最終的歸宿，歷來莫衷一是。

一種說法是吳三桂的正妻凶悍善妒，離間陳圓圓與吳三桂，後來陳圓圓逐漸失寵，心灰意冷，出家為尼了。

另一種說法是吳三桂後來舉兵發動叛亂（史稱「三藩之亂」），兵敗而死後，陳圓圓隨即投湖自盡。相傳她自溺於五華山長國寺的蓮花池，死後池中竟開出了罕見的並蒂蓮。也有人認為陳圓圓是上吊自殺或絕食而死。還有人認為，吳三桂叛亂後不久，陳圓圓就已經病死。甚至有一種更離奇的說法稱，陳圓圓在吳三桂兵敗後帶著兒孫逃到貴州的深山老林中避難，後來子孫繁衍，形成「馬家寨」（為紀念當初幫助他們逃難的馬姓恩人）。

不僅如此，關於陳圓圓的歷史評價也是眾說紛紜。她是不是紅顏禍水？吳三桂為她降清是對是錯？有人認為「妻子豈應關大計」，女性作用於歷史便是大逆不道；有人認為吳三桂為一個名妓而叛降，不忠不義荒唐至極；也有人認為，李自成註定兵敗，

位於雲南昆明鳴鳳山太和宮金殿風景區中的陳圓圓塑像

吳三桂降清是順應歷史潮流。爭議之聲不絕於耳，然而從排除偏見、尊重史實的角度出發，陳圓圓雖屬被動，卻對亂世的結束起到了客觀作用，這與傳統意義的美色亡國的「紅顏禍水」終究不同。

國家圖書館出版品預行編目(CIP)資料

歷史說到底：到底歷史誰說了算？ / 白鹿鳴編著. --
初版. -- 新北市：晶冠, 2020.05
面； 公分. --（新觀點系列；13）

ISBN 978-986-98716-0-0(平裝)

1. 中國史 2. 通俗史話

610.9 109002567

新觀點 13

歷史說到底：到底歷史誰說了算？

作　　者　白鹿鳴
行政總編　方柏霖
責任編輯　王逸琦
封面設計　李純菁
出版企劃　晶冠出版有限公司
總 代 理　旭昇圖書有限公司
電　　話　02-2245-1480（代表號）
傳　　真　02-2245-1479
郵政劃撥　12935041 旭昇圖書有限公司
地　　址　235 新北市中和區中山路二段 352 號 2 樓
E-MAIL　s1686688@ms31.hinet.net
旭昇悅讀網　http://ubooks.tw
印　　製　福霖印刷有限公司
定　　價　新台幣 300 元
出版日期　2020 年 05 月 初版一刷
ISBN-13　978-986-98716-0-0

原書名：《99% 的人不知道的歷史真相》
作者：白鹿鳴